柳田国男文集

王 京 主编

都市与农村

［日］柳田国男 著

王 京 译

としとのうそん

北京师范大学出版集团
BEIJING NORMAL UNIVERSITY PUBLISHING GROUP
北京师范大学出版社

体例

1. 本丛书中，原文民俗词汇以日文假名书写时全部以日语罗马字表示。

2. 为尽量接近日语原来的发音，用日语罗马字表示时采用"黑本式"注音方式，与键盘输入时使用的"训令式"相比，以下假名较为特殊：しshi、ちchi、つtsu、ふfu、じji、しゃsha、しゅshu、しょsho、ちゃcha、ちゅchu、ちょcho、じゃja、じゅju、じょjo。

3. 拨音んn、促音为子音双写（如にっきnikki），长音不加u（如とうきょうtokyo）。

4. 作助词时はwa、へe、をwo。

5. 原文中的旧假名写法，改为新假名写法后注音，如なほらひnaorai。

6. 单词中分节较为明确时，适当采取空格的形式分段，避免日语罗马字表音过长，如"yaki meshi（烧饭）"。

7. 本丛书中，原文民俗词汇使用汉字时全部以简体字表示。

8. 本丛书中，原文中有特殊意义的词语、民俗词汇、引用内容，均以引号标注。

9. 本丛书中，所有的脚注均为译者注，不再另外标明。另为柳田国男原注的，在正文中用"1""2""3"等标明。

10. 本丛书中出现的日本历史时代及分期（如江户、中世等）与公历纪年的对应关系，请参照书后的附录一。

11. 本丛书中出现的日本古国名及其略称（如萨摩、信州等）与现代都道府县的对应关系，请参照书后的附录二。

王　京

中文版序

　　柳田国男在日本可谓家喻户晓，不仅作为历史人物被记录，出现在历史书上，而且也是鲜活的存在，向我们提示着思考现代社会的视点、框架与方法。他关注日本社会与文化的历史，开拓了民俗学这门崭新的学问，在长达半个世纪的学术活动中，留下了数目浩繁的论著。这些研究将从未被思考、也从未被知晓的普通人生活文化的历史呈现在我们眼前，人们对日本社会及文化的认识也为之一新。如今，在思考日本的社会与文化时，从柳田的著作中学习已是必不可少的一个步骤。不仅在日本国内如此，对于世界各地的日本研究者而言，这也已成为基本的方法。

　　世界各地凡是懂得日语、可以阅读日语书籍的日本研究者，毫无疑问，都是柳田国男著作的读者。而无法阅读日语的人们，则缺少接触和了解柳田国男的机会。柳田的文章文体甚为独特，被翻译成他国语言的难度很大，所以，尝试翻译者众多，但实际出版者寥寥。包括英语在内，译为各国语言公开发行的柳田著作，数量并不多，且翻译对象又往往限定于极少的几本著作；中文世界的情况也同样如此。至今，除了日语以外，尚没有以其他语言刊行，并能够帮助理解柳田学问整体面貌的著作集问世。本次出版的"柳田国男文集"（以下简称"文集"）在此方面是一次有益的尝试，可谓意义深远。

1875 年，柳田国男出生于西日本中心城市大坂（今大阪）以西约 70 千米的农村地区。旧时的交通要道由此通过，略有一些"町场"（城镇）的气氛。柳田的父亲并非农民，而是居住于农村的知识分子，靠在私塾教授汉学为生。家中贫苦，生活也不稳定。柳田国男排行第六，有好几个哥哥，大都勤奋读书，之后赴东京继续求学。大哥成为医生后没有回乡，而是在东京西北 40 多千米的农村地区开业行医。柳田小学毕业之后就来到大哥身边，受其照顾。柳田从小生长的故乡与后来移居的地方虽然都是农村，但无论景观还是人们的生活，都迥然不同。这一体验，对他日后的学问形成产生了巨大的影响。

随后柳田来到东京，进入社会精英的摇篮——东京帝国大学，在相当于今天法学部的地方学习，专业是农政学。1900 年，柳田和当时东京帝国大学的大多数毕业生一样，成了明治政府的一名官员，最初供职于农商务省农务局。1908 年，柳田因公前往九州地区，进行了为期 2 个月的巡视。在此期间，他探访了深山之中的地区，接触到还在进行刀耕火种和狩猎的村落，感到惊讶，也深为感动。当时日本农业政策的主要对象是在平原地区种植稻米的农民，柳田得知在此之外，还有立足不同的生产劳动，有着不同文化背景的人们时，产生了浓厚的兴趣。这是他迈向民俗学的第一步。之后，柳田白天作为官员任职于政府部门，晚上及休假时间则研究深山之中的"山人"的生活文化，发表了一系列文章。1919 年，柳田辞去了官职。

1929 年 10 月开始的世界经济危机首先在美国爆发，不久就挟着巨大的破坏力席卷了日本。城市中工厂的工人大量失业，纷纷回到家乡农村。而承受着沉重经济打击的农村，还要接收这些归乡者，状况更为悲惨。面对农村的惨状，柳田以回答"农民因何而贫"作为最重要的课题，开始了新的研究，确立了之后被称为"经世济民之学"的民俗学。其研究对象不再是居于深山的人们，而是生活在日本列岛的占人口大多数的农民。他将作为民俗承担者的、以稻米种植为生活基础的农民称为"常民"。为了调查常民的生活文化，弄清常民的历史，柳田对包括家庭与生产劳动、衣食住行、婚丧嫁娶、节日与信仰等在内的常民生活的各个方面展开了研究，并探索和树立了与之相应的研究方法。

1945 年，日本战败，开始建设新社会。柳田认识到第二次世界大战后日本人自我认识的重要性，大力推动这方面的研究。柳田提出了"海上之路"这一假说，主张日本人的祖先是从冲绳出发，乘着"黑潮"（日本暖流）沿岛北上，最后扩散到日本列岛各处的。柳田逝于 1962 年 8 月 8 日。在民俗学领域的长期开拓，以及从历史维度理解日本社会及文化的不懈努力，凝结成其身后庞大的著述。伴随着上述使命感的变化，其民俗学著作的涉及面也甚广。本"文集"是从柳田国男卷帙浩繁的著述中精选了有助理解日本社会及文化的不可或缺的篇目而成。相信读者若能将本"文集"置于左右，必要时阅读或参照，一定能对柳田有深入的理解。

在阅读柳田著作时需要注意以下几个问题。

柳田民俗学，是收集与比较日本各地现行或尚有传承的民俗现象，通过它们之间的差异来阐明历史变迁过程的比较研究。比较研究虽然是所有学问均会采用的方法，但柳田的比较研究在将变迁过程作为其结果这一点上较为特殊。柳田将这种具有限定性的比较研究法称为"重出立证法"。比较的标准是地区差异，其假说是离中央较近处的民俗较新，距离中央越远处的民俗较古老，即新文化产生于中央，并向四面八方扩散，因为到离中央较远处需要花费较长时间，抵达较迟，所以古老的状态被保留在了远方，这便是"周圈论"。在柳田的著作中，常常会列举大量日本列岛各地的类似事例，甚至令人颇感倦烦。但各地事例之间的相同及不同之处，正是他导出答案的线索，也是其研究不可或缺的步骤。

在提示各地的民俗之时，柳田十分重视指示这一现象或事物的词语。日语虽然是与中文完全不同的语言，但一直以来，有着使用学自中国的汉字来表记现象或事物的传统。一般而言，人们也习惯从汉字入手来理解词语的含义。但柳田重视的并非汉字。他认为，通过外来的汉字及其意思是无法理解日本普通民众生活背后的文化的，因此非常重视这些词语的日语发音。他将各地表现民俗现象及事物的日语称为"民俗词汇"，以记录和比较日本各地的民俗词汇为基本方法。以语言为切入点进行比较研究是柳田民俗学的一大特色。但正因为柳田运用了这种方法，从而使将他的著作介绍到世界的工作变得十分困难。本次中文版"文集"的出版，翻译工作中最大的难关正在于此。承担翻译任务的译者们想方设法地使日本的民俗词汇在中文语境中能够得以体现。读者阅读时或许觉得文章记述颇有烦冗之处，其原因也在于此。

中文版"文集"得以刊行的首要意义在于可以通过这些著作增进读者对日本社会及文化的理解；能够凭借遍布日本列岛的日常生活

文化的种种内容，帮助读者理解日本人的生活文化。作为知识分子的思想家或文学家笔下的日本，往往容易偏于表面，而柳田民俗学则试图从内部把握日本人的生活，是一种内在理解。这种理解并不停留于表面，而是潜入日本人的内心，关注他们的意识、观念，以及作为其外在表现的行为、态度，并将这些与作为其结果的秩序与制度综合起来，从而诠释日本社会、日本文化的内涵。读者通过阅读柳田的著作，一定能够了解日本社会及文化的特色，同时也注意到与中国社会、文化的不同。

第二个意义在于读者可以通过对柳田民俗学方法的理解和批判性讨论，获得重新思考中国同类学问的方法论的契机。民俗学形成于 19 世纪的欧洲，之后传播到世界各地，在各自国家和地区都经历了一条充满个性的发展道路。中国也形成了具有中国特色的民俗学，与同样受到欧洲影响的柳田民俗学可谓大相径庭。在加强各自特色、谋求学问的深化与发展之际，参照或批判性地思考其他国家和地区的民俗学，充分吸收其成果，借以充实自身的学问内容，是不可欠缺的工作。中文版"文集"的出版，为之奠定了基础。可以说，中文版"文集"的出版，使得对柳田民俗学乃至日本民俗学理论及方法论的批判性讨论成为可能。本"文集"必将对中国民俗学的进一步发展做出重要贡献。

最后，请允许我作为日本的一名民俗学者，衷心地感谢勇敢挑战这一困难重重的翻译工作并出色完成任务的译者们；同时，向积极策划、出版本"文集"的北京师范大学出版社致以崇高的敬意。真切希望本"文集"能够拥有广大受众，得到大家的喜爱！

福田亚细男

2018 年 2 月

目
录

自　序

都市与农村这个问题，不可有两个或以上的解答。国民的判断应该永不停歇，直至归于唯一。迄今为止，人们大多只是从某个侧面来观察，以某种只有自己的同伴无条件赞成却无法说服对手的辩证法，急于断定。于是出现一种倾向，即在考究结论得失之前，问题就过早地被政治化了。

"朝日常识讲座"①以报纸的声望与同僚诸贤的努力，在全国广大的都市与农村获得了各个年龄层及职业的众多读者，这是幸运的机会。我并无野心在此另立新说，激荡舆论。只想利用此机会，倡导乡村人与城镇人并肩合作共同探讨这一课题的风气。

---

① "朝日常识讲座"是为纪念《朝日新闻》创刊四十周年从 1928 年起发行的丛书，共两期，每期十本，选择当时重要的话题，由朝日新闻社内骨干各自执笔。柳田当时是朝日新闻社的评论委员之一，《都市与农村》见该丛书第一期第六卷。

围绕都市的种种新的疑惑和要求，还处于不必要的压抑之下。我认为应该及早打消这种顾虑，以决定将来最为安全的生活方式。而要想实现互无隔阂的交流，现在同情似乎还有所不足。同样，如果缺乏理解各自立场及既往历程的方法，所谓批评的自由恐怕也只能沦为一味较劲的别名。因此，我特别要强调的一点是，日本的都市原本就是农民的堂兄弟们建设起来的。

农民意识不到自己的力量，这是久已有之的一种流弊。在国家再次期待他们奋发图强的今天，如果最适合担当起激励进言之任者却一言不发，对毫无助益的哀叹悲声听之任之，作为亲戚则未免过于无情。幸运的是，我这个人，可谓今日都市人最普通的类型：居住在都市却还无法彻底成为一名都市人，依然如同少年时那样热爱与思念乡村。同时，也能够与现今的利益关系拉开距离，观察二者的纠葛。我的常识应该可以代表多数。即便有人对此还不甚关心，我也相信他们在仔细思考之后，会与我想法一致。正是这种自信，令我能够坦率直言。

为避免本书中有故意标新立异的论述，我自己也做了检查。在我看来，书中所述，都是些再平凡不过的事实。对这些事实平日心有所思，提笔之下便成了此书。当然，话虽如此，本书的议论却太过朴拙。我已经颇有一段时间没有机会与人谈论这一话题了，因此行文未免生硬，未能侃侃而谈。而因为字数所限，诸多事实未能举出，提及之处也略显说明不足。如果因此令读者不安，感到结论过于武断，实非本意。实际上，本书中列举的事实，没有哪一个是只有我本人才知道的。一直未受重视，是迄今之学风造成的缺失。关于这一点，我将另寻机会，撰写一本《野之语言》①，予以细说论证。

柳田国男

昭和四年二月

---

① 所谓"野之语言"实际上是对"民俗词汇"的文艺性表达。在这篇序文撰写后不久的 6 月，柳田以"野之语言"为题发表过文章（后改题为"oya 与劳动"，收录于《家闲谈》一书中）。1931 年也曾写过《行商与农村——野之语言》一文，应该是确有计划，但并未成书。

第一章　都市的成长与农民

一　日本与外国的差别

打算仅凭书本从事学问研究之人，若无十分的仔细小心，极易沦为概念的俘虏。尤其是我们常民①的先祖，殚精竭虑，苦心经营，种种尝试，不惜痛楚，但并未凭借自己之笔记录下这些历史。现今留存的有关他们生活的记录，大都基于外部观察者的推测。是否这些记录确与各地的实情一致呢？其答案不同，议论的价值则有天壤之别。迄今为止对这一问题仍缺乏深入的思考，我们已经吃了大亏。很多时候，热心读书的人反而会去宣扬与自己人生

---

① "常民"是进入20世纪20年代后期后柳田较多使用的概念，用来指称普通农民。后来含义进一步扩大。

境遇毫无关联的学说。都市与农村将来应有的关系，是极为重要的实际问题。若非广泛地把握个体的立场，便无法决定国家的政策。因此，在判断新的意见是否正确之前，首先需要提高我们手中事实的精确度。

比如，我们在此要讨论的，当然是"日本的都市"。去中国旅行，处处能够见到以高墙隔断内外、开设城门以供出入的商业地区，但这样的"都市"日本自古就不存在。以"都市"这一汉语新近翻译的西洋的城市，与中国的城市更为近似，指的是与农村对立的城内的生活。进入近代以后，各地都人口膨胀，溢出城外，如今甚至反而觉得城墙颇为碍事，可都市依然与渔猎耕作等事务毫无直接联系，居住于都市的所谓市民，其心境也与农民全然不同。都市的历史，也就是市民的历史。由于特殊利益关系的累积，为了其利益，都市有时也不得不与村落相抗争。

"市民"这一词，作为都市居民这一单纯的意思，也为我们所使用。但作为孤立都市利益中心的"市民"，是否在我国也存在过呢？这是首要的问题。比如江户，三百年前不过是海边的一块荒地。后来为了便于匆忙从各处聚集而来的城下之民的自治，指定了若干被称为"年寄""乙名"的指导者，并赋予其相应的权力。大阪也大约在同一时期产生了城市中的组织，希望让拥有资金、才能之人能够尽早获得市民的心境。而这两大都市中，所谓"重立众"①之家渐渐式微，能够顶替他们之人如今也几乎不存。市民中的一小部分，是仅仅两三代前迁入者的子女，而其他的多数，则只不过是居住在都市的村民而已。因此，在思考他们与其故乡的关系之时，对于那些以外国都市为例的做法，虽不至于要坚决制止，但亦须极为警惕。

二 "inaka"与"田舍"②

我认为，很早以前在日本这个国度，是无需太多都市的。这一点理由甚多，其中之一是日本中世各地的首领，其本职皆为务农，就土地的利用方法而言，无法将众多的人口固定于一处。日本的人口在很长时期都维持在今天的半数以下，既可能是其原因，也可能是其结果。有的国家人口密度大大低于日本，也早早便有了大都市。有时因为寂寞反而更欲群居一处，这样的事例在广阔大陆的草

① "重立众"是近世农村上层身份阶层的通称，多为特定的土地所有者，主持村落的运营。
② "inaka"是日语中表示"乡下""农村"的传统词汇，使用汉字时一般写作"田舍"。柳田在此辨析二者含义本来不同。

原地区并不罕见。说这是国民性，是社会的组织方式不同，虽然结论略显粗放，但并非谬误。若非日本是为海洋所护佑的单一民族的岛国，其乡村是断然无法安心以如今小而分散的状态存在的。历史上"部曲""门党"之争虽然炽烈，但所谓"敌人"也不过是语言相通、情感类似的邻人。即使落败，必须赴死者也是寥寥。加之财富常存于野外，也无必要龟缩固守于憋屈的城墙之内。因此，都市与邑里的分界，也不免更为空漠。

"inaka"一词原本是指民居之间的地形。我在肥后的天草①地区见到的古绘图中，位于村落中央的耕地被标记为"inaka"。农家与田地间或夹杂的状态便是"inaka"。给这一发音配上"田舍"这两个汉字后，这一词的语感也不得不发生变化。"田舍（densya）"的所指并非"田"与"舍"，而应该是"耕田之舍"，即从都市居住者的角度，来指示其领地或是控制地区内的农户。其义与"庄园""别业"等近似，用日语来说，应该是与今天存于盛冈一带的"ootaya（御田屋）"同义的。但对这一点未加详察就普遍使用汉字表记之后，便有人反而仅凭文字来理解"inaka"的意思了。汉字的选定，本就是京都人并且是上流阶级少数人的特权。也许实际在他们眼中，"inaka"便是

————————————

① 天草，今熊本县的天草群岛。

"田舍(densya)"，"hina"也应该以"鄙"字来翻译，虽然原本的日语中并无此意。学问以文字为手段，渐次由中央向地方进展，而稍晚接受其感化的人最为恭顺地服从了其指导，承认相对于京都的"都雅"自己则为"鄙俗"，并对此毫不怀疑，这一点是过去不同于如今之处。当年面对中央唯一的都市，地方便是如此俯首帖耳、甘拜下风。

三 "都"与其他城市

从这个意义来说，将今天的都市与农村这一问题，略称为"都鄙问题"，着实不妥。"都"是都城，"都市"是城市。"都市"这一称呼之下有着大小不一的城市，有的甚至如同雏鸟般羽翼未丰。与一些发育未全的新兴都市相比，农村在任何方面都绝不鄙劣。即便与历史悠久的正统都府相比，除了需要承认有些遗憾或弱点，村落也无须过于自谦。从洪荒直至今世，从来就是为了建设都城而举一国之力、聚一国之志，期待其成为文化之基准，朝向更新更美之处步履不停砥砺前行的。村为都人血之源头，都乃村人心之故乡。村中诸多老户旧家的系谱中，第一代多为生于京城而后没落，辗转来到乡鄙之人。其他如镇守之神的外请、开山大和尚的延邀等，重要之物皆来自"上方"①。久而久之，时至今日，都城也仍是我们跟随的指针，梦中的花苑。将来应如何去理解这一关系，是我们必须思考的特别问题。但以"都市"这一宽泛的总称，概括甚至与都城毫无共同点的小城镇的立场并加以论述，此种习气之盛，只能说是学问的一种恶癖。

现在日本的都市，不少与其说是出于有意识的建设，不如说是作为偶然的结果更为恰当，并且因为其居民浑然不知而外部者也并未掌握的原因，或盛或衰。在我们举一国之力建设重要且唯一的都城、坚守城池并尽力装点的中古时代，还不存在这一类地方都市。最早开始逐步成长的，是被称为"津"或"泊"的河海港口。过去行船，需要等待风期，或是躲避暴风。因此常有一时无事之人聚于港口，即便是平日也饮酒高歌，开始了不见于村中的新的生活。

但是，在交易主要由国内行商承担之时，"miyako（都）"即宫殿所在之地以外，并没有形成大型城市的基础。即使住着各种职业匠人也是终日无事，即使囤积货物也是销量寥寥吧。直到异国的商船往来，与之交易者获利甚丰，有些港口才逐渐变成繁华之地。九州

---

① "上方"是江户时期对以京都、大阪为中心的畿内地区的称呼，因相对政治中心江户称天皇所在的京都为"上"而得名。这里专指京都。

地区，除了筑前①的那津，即今日的博多港，南部还有几处贸易港。泉州②的堺市、伊势③的安浓津等地，在所谓倭寇时代之前，便已海内外知名。尤其是堺市，曾有一段时期高筑城墙，依靠市民的齐心协力以求自卫。其间已经能够明确辨认出"自治市"的萌芽，但不知是幸运还是不幸，之后并未得到继承与发展。

四　"城下町"的支持者

镰仓在今日也净是寺庙与大宅的遗迹，考虑到当年亦有各村的武士络绎来往于此，其实几乎是没有什么都市特质成长的余地的。但当年京都、镰仓并称，同作为非农村的代表，至少在日本的东半边，镰仓作为文化中心曾经起到过重要作用。而随着武家的没落走向衰颓，终究未能再次复兴，这也说明其作为都市，还未能获得足以自立的生活能力。

与之相比，各地的所谓"御城下"，尽管最初是出于非自然的军事战略上的需要而强行集聚人口形成的，但之后却往往能够继续成

①　筑前，今福冈县的一部分。
②　泉州，和泉的雅称，今大阪府的一部分。
③　伊势，今三重县的一部分。

长。即使形势变化，作为其支柱的"大名"①弃城而去，只留下势单力薄的一部分士族徒羡往昔，大多数都市也不至于凋敝湮灭。也许社会已经焕然一新是一个理由，而既然能在三百年漫长的时光中得到守护、获得发展，拥有这样独立成活的能力似乎也不奇怪。可实际上，真正的理由是在不知不觉之中，比起大名或是士族，周围居住的农民成为真正支撑着"御城下"的力量。各藩越是规模巨大，距离中央路途遥远，其属民越是将各自的"御城下"看得如同都城一般重要，在外人面前自我炫耀这一风尚也越是盛行。换句话说，作为地方割据的余势，小文化中心数量增加，于是各地的属民如同当年其先祖献身皇都建设一样，首先努力协助完成身边新都市的建设，期冀其繁华而不惜牺牲自己。认为这是因为权力的强制，所谓奴役压榨的结果，至少与日本都市的历史不符。其结果是否有益另当别论，但若非农民的协助，大多数城市将无法成长如斯，也难以存续至今。

现在所谓"市"的三分之二以上，以及所谓"町"的过半数，都是在几乎同样的经历之下，逐步形成新的都市的体态的。这些都市

① 江户时代各地藩主中直属德川将军家，俸禄在一万石以上的，被称为"大名"。

要想获得独立的地位，势力足以与四周的村落抗衡，应该说条件还略显不足。一方面，除了过于膨胀的极少几例，其他多数的旧城下町，如今尚在改造途中，不仅对地方文化尚未做出任何贡献，即使作为消费城市，也未能发展完备以尽其责。而其发展所需的人力与资材，除了向与之有着长久关系的各村谋求，并无其他可以仰仗的途径。另一方面，农村如果其力量有所剩余，除了用在近处的都市，也并无其他更为有效的出口。加之如前所述，都市与农村之间并没有明确的分界线，因此，将都市与农村视作对立关系，认为应当互相控制、互相防备之类的想法，至少在日本，还为时尚早。

五 村中之"市"与町中的"常见世"

当然，也许只要花足够的时间，总有一天这样的都市也将逐步形成统一的生活状态，就像今日的外国人从他们自身的情况类推的那样，能够完成契约的责任，维持独自的体面，成为名誉的主体。国家的法制，也早就期待着这一天的到来。但现实情况是，收取税金是都市唯一的力量，凑巧其金额比许多村落还低，因此居民们没有感觉到压力。将来如果负担加重，也许他们就不得不远离都市，而来时的道路便成为退去的路径，是完全敞开的。无法制定出改善经济的方略，一味跪求国库的补助，将繁荣的希望全都寄托在不健全的消费者身上，众多的中小城市之所以能够如此，是因为已经通过这些来去自由的居民，将存立的基础建立在了村落之上。人们往往喜欢议论农村的衰微，但都市才是更为流转无定的。近世因为人口的激增，从外部看来似乎这种危险的倾向并不明显，但今天即使新的学问、技术突飞猛进，也依然有众多的都市缺乏活力，显现出停滞的明确征兆。如果顺应时势将都市建设得更大、更美、更健全、更聪慧的方法主要是等待外来的援助，那么占全国约七成的农村居民，如今便必须重新审视农村对都市这一重要课题，拿出有效的方略运用自己固有的力量实现自己与他人的幸福。这是重视本国历史的学派特别要向世间表明的态度。

对于诸多现代的日本都市，虽然人们常常回顾其建设的历史，却鲜见有人去思考其成长的过程。当初的创业者们，其实未必能想到都市会发展到今天这样的规模。用不着论述太田道灌与东京市的关系①，名古屋、广岛、仙台这样的大城下町，当初都是制订计划，

---

① 太田道灌（1432—1486）是室町时代后期的武将，于15世纪中期建设了江户城。江户后成为德川幕府的所在地，1868年改称东京，当时为东京府，1889年中心十五区分离为东京市，1943年东京府与东京市合为东京都。柳田执笔时的东京市的范围，大致相当于今天的东京都二十三区。

大兴土木，想方设法聚集居民的，但不久之后也都有更多的人出于种种原因不请自来，人数远超其城主本来的要求。这并非是由于地方人口充溢，随波逐流最后停留于此，都市有着都市的吸引力，来者也有来者的选择与判断。到底是什么力量刺激了这第二次的成长，只要去看看今天都市的状况便可知晓。木匠住在"大工町"①，"曲物师"②聚在"桧物町"，他们并非是都市出现之后才产生的匠人，以供奉御用而谋生者也只占其中一小部分。正是因为居于都市，他们才能驰誉扬名，生意兴隆，可以无须远行，凭借自己的技艺与诚信，获得更多的客户。而客人也可以顺道来访，满意而归。一些城市以市集之日为名，如"三日町""四日市"等，还设有"杂鱼场""鱼之棚"这样的区划，如果只是出于方便城里人购物、从中收取税金这样单方面的考虑，恐怕是不会那样长久繁盛的。从百姓的角度看，各种所需物资如果都需要在不同的日子到不同的集市去购买，那么距离再近路费也不菲。于是找一处中心地点，开设品种齐全的集市，继而统一邻近地区，而越是精于计算、讨价还价的高手，越是会早早地转移至此，其结果便是让农村生活变得更加方便

---

① "大工"，日语中就是木工的意思。

② "曲物"是将日本扁柏（日文写作"桧"）等削成薄片后围成环状，接缝处以白桦或樱树皮连接制成的容器。制作曲物的匠人，称为"曲物师"。

了。之后在领主的关照之下，逐步由一月数次的定期市集发展为每日市集，最后成为"常见世"①，说来正是出于周围村民的需求。

六 町人故乡亦为村

在都市成立之前，村落的居住者中就有一些人，有着只要商业发展起来就马上能够成为商人的潜质。手工艺方面，虽然出现专业分工以后，技术方面有了突飞猛进的发展，但伴随新市新町的成立才得以出现的新职业极少。日本在都城之外尚无像样都市的时代，身怀才艺者反而是游历各村而谋生的。若非如此，便不得不以耕作为本职，将大半的天分埋没于泥土之中。从这一点来看，大名建设城池，城下密聚民居，正是他们翘首以盼的事情。也可以说，正是由于有着这样的世态，城下的计划才能成为现实。总之，超出军事战略、行政等的必要，人们纷至沓来，都市也迅速壮大，说来武家只不过提供了这一机缘罢了。

当然，创设之初的日本都市，比今天更为接近村落。在所谓

① "见世"，日文读作"mise"，陈列商品之处，写作"店"更为普遍。"常见世"就是常设的店铺。

"屋敷町"①，直到晚近，还保留着很多农村式的生活方式。这是因为武士几乎全都是从农村移居而来的，收入微薄也使得他们缺乏改造居住面貌的意愿。虽然他们希望好好守住眼前的新境遇，最早切断了与故乡的联系，但他们周围还有众多出生于农村者，作为"仲间""小者"②跟随他们。他们虽然自己就居住于都市之中，但尤其将另一半的从事商业者称为"町人"③，视为另外的阶层，极力强调二者的差异，对其影响甚为避忌。而作为武士特质所强调的质朴、无欲、直率、刚强等，本与身份或权力无关，都是从村落中带来的世代相传的美德。而同样屈服于持刀者④的盛气凌人之下，农村百姓在生活趣味上，比起与武士比邻而居的町人，其实更为接近。

而町人也大多是从村落转业而来的。三四个世纪以前，日本还没有像样的都市，所以这也并不奇怪。都市里的所谓富豪，或是公认的旧家，在记载其谱系的记录中，几乎没有一家不是某处农村地主的孩子。其中长于计划、精于计算、知人善任，足以托付运输、配给等事务者，最先被调至城下居住。承担对领主的公役，本是他

---

① "屋敷町"，此处指武家宅邸集中的区域。
② "仲间""小者"都是武家非武士身份的仆人、杂役。"仲间"也写作"中间"，比"小者"地位略高。
③ "町人"的"町"就是城市之意。
④ 持刀者即武士，江户时代规定只有武士才可以带刀。

们最初的职分，但与其他各种御用职人一样，他们因为身份卑微，所以主从关系比一般武士自由，在闲暇之时，有着靠自己双手获取收入的种种便宜。这便是今天意义上所谓买卖人的源头。不知"士农工商"①这一名目是何时而起的，但是像犹太人那样代代专以经商为生的家系，在我国几乎不见，因此商人的后继者也一直是从村民中以"年季奉公人"②的形式选取的，而新的优秀店铺也陆续从这些人手中诞生。不仅如此，挑选"番头"③"手代"④之中勤快规矩之人作为乘龙快婿，或是让渡股份，或是托付幼子，乃至交付已趋下落的家道望其中兴，是日本特有的，也是在日本司空见惯的町人作风。乡里殷实之家的次子三男，带着被称作"敷银"的巨额资金，到都市商人处去做养子的事例，也不鲜见。这实际上是一种资本调集的方法，在西鹤、其碛⑤的小说中常常可以见到。总之，正如都市没有外形上的城墙，人心也长久以来内外相通，都市建设自古以来就是农村的一大事业。无论哪个国家，农村都被比喻成都市人口的

---

① "士农工商"，江户时代的身份制度。
② "奉公人"是仆役、学徒之意，"年季奉公人"即规定了期限的"奉公人"。
③ "番头"是商家下人中总管店里一切事务的领头人，大管家、总管。
④ "手代"是低于"番头"，有一定代理权的下人。
⑤ 井原西鹤(1642—1693)、江岛其碛(1666—1735)都是江户时期町人世俗小说"浮世草子"的著名作家。

补给站、蓄水池，但像我国这样在极短的时期内孕育发展了如此数量众多、大小驳杂的都市的农民，也着实少见。因此，即使有些不如人意之处，也只能先以忍耐为主，在适当的时机能够有所察觉就好。

七 脱离土地的消费者心理

与之相比，更为紧要的问题是，无论哪个时代的都市，其人口的至少三四成，有时甚至一半以上都是农村人，但为何充溢着轻视农村，欲凌驾其上或是只想着加以利用的风气呢？人们常说"江户之水渗入体肤"或是"感受一下都市之风"，都市的水和风，到底有什么神奇的魔力，能令人一夜之间斩断与故乡的缘分，站在全新的立场思考生活这件事呢？在现在的世相之中，解释这一点似乎并不困难。首先，来到都市的村人，多数已经厌倦了农村的生活，以成为另外一个人的心境告别了农村。还有一些人从憋屈的社会道德监视中逃离，希望获得藏身之所而潜入大都市的深处。加之群体的威势虽然并未支持特定的个人，但在对外之时，可以作为一种模糊的依靠。当然，这一状态并非是自都市产生之始便有的。与之相反，都市与农村相对抗的风气，历史更早。所谓"都鄙问题"的根本原因，应该还在别处。

按我的想象，不再亲手生产衣食住的材料，即脱离土地生产的无依托感，会令人不安而敏感。今天，交易是为了相互方便，有着你若不给我我便不给你的强势一面，但根据物品的不同，其有用的程度天差地别。众所周知，如果手头的商品是没有也可忍受，有其他替代品，或是可以多等一段时间的，而需要交换的却是不可一日或缺的食品，那就无法悠然等待合适的交易对象。更何况他们本来就是农民家的孩子，仅仅在小小的米缸中存些白米、不时去购入些小东西的生活无法令他们安心。贸易在任何时候都有着被动和主动两种状态。需要更为急迫的一方会主动接近，寻求交易，大到锁国时期的长崎贸易，小到踏遍各村的行商走贩，皆是如此。在越后地区①，行商在今天也被称为"tabeto"②，旅人尤其渴望食物方面的交易。"tabi（旅）"即为"给（tama）e"，"atai（值）"就是"与（ata）e"。出现都市及常设店铺后，商人也需要等待由农村给予的日用品。都市的居民极为机敏，想方设法以优越的条件吸引农村的产物，自有其不得不如此的理由。而得到官府的承认及支持后，以都市为本位

---

① 越后，今新潟县的大部分。

② tabe 这个音节与表示"吃"这一意思的动词"taberu"的词干相同。"to"可以看作是"hito（人）"的省略形式。

的资本组织便逐步发展起来。

八　宿驿生活的变化

　　这种消费者心理似乎在很长时间内对都市的成长起到了显著的抑制作用。兵粮耗尽的苦楚，并非只在坚守围城时才能尝到。都市出现饥荒，秩序将迅速崩坏。无论收取多少"年贡"①，运输力量仍是有限。因此，即使是全国唯一的都城京都，也是自古就有限制居民的命令。江户的膨胀也绝非政府所愿。之后各种机构逐步健全，能够应对巨大的人口了，但仍时时因食品的匮乏而不得不经受苦难。地方上众多的城下町，都设有"农人町"的区划，或是尽量在城中及视线所及的近郊维持广阔的稻田。这些措施对付围城或许有用，但就平日的需要而言，功用有限。燃料、用水，皆是如此。居民规模远远超过需要，储备无法保障每一个人，是人尽皆知的事实。这在不言之中刺激着都市人的神经，让他们变得更为思虑缜密，或是略显任性，也是没有办法的事。

　　加之农业并非只是单纯的力气活儿，无论是谁，人到中年再归

---

　　①　"年贡"指向朝廷、幕府上缴的地租。

乡务农，绝非易事。都市二代完全未经历过最为重要的孩提时代的耳濡目染，自是如此。即使是年轻时在村中劳作过的人，远离实践的日子也让他们与真正的百姓之间出现了技艺上的巨大落差，若非已经对遭受轻视做好了心理准备，便难以再融入当年的伙伴中去。在土地的使用上，也不得不忍受更为不利的条件。因此，都市人只要可能便希望不再归乡。都市生活自古被认为更为自由，但在职业选择上，无论今昔，都市人反而比农村人更不自由。

最能深切体验到这种不自由的，是为数最多的各地小城镇。如今，无论人口多寡，小城镇似乎都被纳入都市之中，但其实因为设立者的计划完全不同，小城镇一开始便缺乏成为都市的种种准备，在成长过程中也不得不品尝更多的苦涩。最为显著的例子，是分布于大小官道两旁的从前的宿驿町，不仅由于交通的变化而由盛转衰，面对未来时也存在着种种问题。驿站的主要任务是提供驿马，而曾经能够最为有利地养备马匹的居民就是农民。行政当局把当地居民多为农家视为一种方便，甚至是期待着这一状况。后来随着运输需要的日益增加，出现了专业的养马、赶马等职业，不知不觉中，众多与眼前田地毫无关联之人也开始居住于此。作为对农业冷漠视之的近世地主的发源地，以及令人难以苟同的视茶屋买卖为都市繁盛之希望等风气的养成场，宿驿可谓长期拖累农村，但其本身也曾经是农村，这一事实是我们的一大教训。

九　爱乡心与异人种观

　　无论在哪个国家，市民无一例外都是耕作者们的子孙迁徙移居、改换职业后逐渐形成的。也许有人认为，虽然后来二者出现了争吵，国内分裂成了两个阵营，但指责过去的思虑不妥也已无济于事。但是至少在日本，思考这一问题还完全来得及。首先，今日数目众多的大小都市，其历史尚浅。其历程还有许多人记得，而且现在也还大致遵循着同样的道路。所谓都市的人口吸引力，只有大都市基本过了最高峰，其他多数的小城市，现在也仍有人口大量流入，处于更新换代之中。从全国的角度来看，让这些城市规模进一步壮大，同时变得更加健全和美丽，是极为必要的事业。因为内部外部的相关者，尤其是新近发起行动的人的态度，今后既可以变得更好也可能变得更坏。因此，学问至关重要，而盲动是应极力避免的。

　　两个新的经验能够给我们一些启示。日本人到了国外，可以仅因同为日本人这一单纯的理由而感觉亲近，紧密结合。待到规模增加到十人乃至二十人，其中又会产生出某某县人会。而即使身处东京、大阪的滚滚人潮之中，也绝非其他人全为外人。乡里来人，一定有可以依赖的去处。偶然相逢亦可执手互道旧情，更何况远路迢迢前来拜访呢？提供宿所、款待饮食、指点路途，乃是本分，其间看不出半点市民与乡下人的关系。若是如此，我以为，即使做不到同样的地步，都市人将其热心拿出一小部分，薄薄地但更广泛地分予来自陌生乡土的村人，又有何不可？难以做到，都是因为长久养成而如今已毫无用处的防范之心。

乘坐轮船或火车出行时，人们因为些许契机交谈而一见如故，不仅交换名片，甚至互赠饮食。而这些待人友善者，一开始时也是互相板着脸孔的。将人分为友人与外人这两类，本是从遥远年代的割据而来，遗留于还未曾经历过改革的村落生活之中，只不过碰巧被带入成长中的都市，发生特别的变化，成为难以忍受的冲突。我们的道德曾经远离外部，在内部发展到了优美的极致，但接触到不同的利益之时，仍是常常需要暂停其功能。在都市中，能够判断其是否必要的全体意志尚未出现，满眼都是陌生人杂乱无章地压迫而来。如果没有彻底接受四海之内皆兄弟的理想，走出国门安居于异民族之间便会十分困难。与此相同，如果为了国家的统一、地方的结合而希望都市更加繁荣，却不认同更为广泛的新的道德，那么都市只能成为人情之沙漠，耻不以为耻、人皆以为盗之地，而这绝对称不上是所谓建设。

一〇　农村视角下的都市问题

从国民总体的立场来说，指责都市的轻薄与道德匮乏，往往带来自嘲的结果。像自己的身姿映在镜子里一样清晰的是，迄今在村落还未造成大的损害，也因此常常并不显眼的弱点，如果集中起来视为一个整体，就已经无法视若无睹、放任自流了。有着以都市为生命的中心、能够肩负保持传统之任的人存在，才有可能从外部评价其价值。但近六十年来①的日本都市，只是如同承接瀑布的水潭一般，接纳着四面八方涌来的人流，而从未间断的冲突与激战，其效果也不如说主要是将早先的居住者排挤出城。那些能够胜出而留下者，无论方法手段如何，其故乡都视其为成功者，率先送上喝彩。以高山大川为界割据而居，尚且不免时时面对冲突，更何况在一处有着无数的利益关系交错的集聚之地。如果放任大家以弱者为目标，非我友者便可任意征伐，那么自然，其万般的痛苦终将返回到各自的乡土。来到都市投身建设的人，以及留在乡里期盼前行者

————————

①　指明治维新(1868)以来。

成功的人，首先都需要清醒地认识到这一惨痛的共同教训。

作为解决农村问题的方策，主张限制都市的个人主义与进出的自由，这类学者从来都不少见。但是这些人爱农护村过甚，有时甚至忘记了如今市民的过半数都是村人的子女，同时也忘记了正如农村有农村问题，都市也有都市问题。"都市问题"一词已经成为杂志名了①，但内容与前者全然不同，谈的只是下水道、道路、公园、小学之类该如何经营。不像在农村谈论农村问题那样严重，甚至也有人因此认为不存在所谓都市问题。真是无稽之谈！都市的贫困与不安，无论是量还是质，都绝不输于农村。如果这些都遮蔽于阴影之中，竟然连有心之人都会忽视，那么就算是居于都市的人不去集体闹事，对于其故乡的村落，应该也是重大的问题。轻易认为一旦离村就再无瓜葛，人情的裂隙便由是而生。若是如此，便是尚未为实现整个国家的幸福做好改造都市的充分准备。

幸运的是，目前心知肚明却还走在相互疏隔之路上的人极少。大多数是过于容易死心断念，认定这便是世间常态，仅凭个人之力无可奈何而已。是否农村真是无力解救都市于乱斗之中？是否农村与都市的关系只有现状这一种可能，无论推搡还是拉扯，再也无法

---

① 《都市问题》，东京市政调查会编，1925 年创刊。

撼动分毫？我认为还大有研究的余地。我们不分市民或是村民，都怀着让社会变得更加宜居这一同样的志向，又有幸生于新时代，有着自由判断是非的权利与能力。甚至面对只许如此这般的命令，也有着反抗的气力。但我们也在不知不觉之中，被书本或他人之说乃至长久的惯习所束缚。脱困的道路只有一条：首先精确地了解周围的事实，然后以理论检验，看看是否真正符合自己的实际，此外无他。如果我的这本小书能够有所贡献，提供些实验的材料，实乃望外之喜。

第二章　农村凋敝的实像

一　村与村的比较

　　新的疑问必须被坦率地提出。第一个疑问是，农村凋敝并非好事，为什么我们还要公然宣扬？如果有人主张国家正在衰亡，当然会招致众怒，即使是某个家庭家道中落，或是某个个人生命垂危，若有人以凋敝论之，人人也都会感觉不快吧。都市之中也有即将崩坏的，但大家都尽力不去触碰这一事实。唯独面对农村，不相信其凋敝便会被认为缺乏同情心，即使没有什么确凿的证据，也并不提示任何救治之策，只需无条件地承认农村的凋敝，就仿佛成了仁人志士。如此这般，希望别人对自己大加怜悯，不知是古已有之的农村痼疾，还是时移世易后某种条件下产生的不祥流行？我相信，居住于农村者自己早已觉察到了这一问题。

第二个疑问是，在形形色色的村落之中，哪些特别渐趋衰颓，哪些又能暂时幸免其难，对此是否有人能够判断？我认为，村落的大小、地位、便利性，以及其他条件各不相同，不可能所有的村落都在凋敝之中。果真有人能够断定其所在的村落是最为遗憾的一个吗？更进一步说，所谓农村凋敝，指的到底是怎样的状态？现在仍然有必要追问这一问题。

　　如果正如我的担心，因为有人反复主张，所以认定自己所在的土地也是如此，因为知道有实际凋敝的例子，所以认定自己的村子也属同类，那么这种危险的苗头才是最需要警惕的。如果作为一村之主的村民都这么想，那怎么可能保持活力？任何地方、任何职业，自信与活力都是繁荣的根基。缺乏自信、丧失活力，发展就会停滞，即使尚未凋敝，也是凋敝的前兆。现在大家忧虑的不是凋敝本身，其实只是比较显眼的一般性倾向，本来无事，是自己生事。我们首要的任务，是准确地把握事实。如果确实有凋敝的迹象，当然应该尽力出谋划策加以救治。若非如此，就需要避免为无益的噩梦而担惊受怕的不幸。就整体而言，人们往往关心都市，多有谈论，却懈怠于村落间相互比较，了解自己所在的土地的实情。我认为，这是现今的一个缺憾。

二 生活水平的高下

"村落疲敝"原本是面对政府时常用的一句话。毫无争议的疲敝是在大范围歉收之后，而比干旱、洪水、暴风更为可怕的，是虫灾和低温。这种情况也直接被称为"饿死之年"，人口折损过半的情况也并不罕见。早先受战乱蹂躏，常常是一夜之间村落就变为荒野。战事很早就得到控制这一点可谓幸运，但作为交换，在江户的和平年代，租税负担沉重，而且会为了并没有多少价值的土木工程而随意增加劳役。如此这般，村落当然会衰弱下去，而统治者也认识到这将带来不好的结果，会对具体程度时时加以调节。于是，村民尽量在较早阶段诉苦，成为一种消极的自卫手段。而他们要面对的是，对他们出于策略而多了几分夸张的疑心，与税吏之间更是有着令人甚为不快的强硬主张及相互试探，于是他们更加忌讳观察者的目光，养成了不轻易流露出内心满足的习惯。只要稍做思考就能知道，这种忌讳在今天的社会已经毫无用处，但由于老人们常常无心地沿用旧日的辞令，有时不免妨碍了冷静的判断。

今天的所谓农村凋敝，与从前纯粹为了收取租税而尊重村落的时代，自然内容不同。确实存在生活按从前的标准属于尚可，甚至税金再高一点也能承受，但自身意识到生活已经弱化的情况。既然并非单纯的个人心理上的变化，也是社会及经济方面的事实，那么凋敝就一定有着显现于外的明确征兆。对于从前的地方官员或中央特使，判断村落状况的好坏是其常规工作，他们在巡视之际并不以村民的诉苦为量度，而是有着从外在状况上加以辨别的、较为笼统的口诀式的标准。首要的就是生活水平。由于从衣着饮食上很难迅速判断生活的好坏，于是强调要尽量登高环视，仔细观察各家的屋舍。并且指出，即使多有石垣、白壁、土仓之类，如果老旧倾塌，损毁而未加修缮，都是村民手头拮据的证据。此乃经验之谈。屋舍的损坏，村人之间最不会相互介意，而又最不容易暂时糊弄。但是，现今这一点是否依然可以作为标准？在我开始全国旅行以来不到三十年的时间里，临海的村落几乎无一例外地全都改为了瓦顶，看起来寒酸的茅草房消失不见，越来越多的家庭铺上了榻榻米，屋外增加了缘廊，晚上亮起了电灯。如果以这样的外观作为测定村落幸福的尺度，还不知道会陷入怎样的误解。而这些也不可能作为村落衰颓的征兆。

三　物议与批评力

一言以蔽之，如今由于生活水平普遍提高，已经无法将其直接视为村落衰颓的标志了。从前作为困难之村的第二个表现，是内部秩序动荡，常常物议沸然。确实，这样的村落中一旦出现物议，就必然久久难以平息，村中官员也定然更迭频繁，令人头疼，所以必定十分醒目。生活普遍安乐、只是有些人嘴碎话多的情况，原本便极为少见。出现新的想法，往往是苦恼的产物，如果未能如愿则更容易激发矛盾，产生破罐破摔的倾向。"百姓一揆"①往往发生在此类动摇持续了一段时间之后。旧式的为政者，也许会暗自希望这样的村落不仅是衰弱，而且最好是完全无力，这样更便于治理。

但对于现今的社会，这种情况是无法欢迎的。如果有这样的口碑，移住者自不必说，就连只是生意往来的人，也会渐渐减少。但已经无法仅凭这一点来推断村落的衰颓了。之所以这么说，是因为从很久以前开始，在单纯的耕作之外，村落之中的种种利害关系就已经盘根错节。凭借单一的惯习管理整个村落、压制违反者的力量

---

① "百姓一揆"，指农民起义。

已经弱化。调和各方的利益需要一定的商议，人们已经不把辩解说明视为难事了。加上教育的巨大效果，新的思考大量增加。今天威胁到村落和平的"佃农问题"，已经不是仅仅依靠惯例、无须明言便可解决了。大家都承认，为了村落的改善，如今需要一些议论和思考。

总之，为了村落未来的幸福而忧虑如今的村人变得过于聪明、没有破绽，这不仅没有帮助，甚至常常有害。所谓聪明，走入负面就成为狡猾，这也并非只出现在农村。正因为之前有一些人还没能变聪明，所以才让恶意之徒在物议中获得了成功。随着教育的普及，当人们都变得能够深思熟虑之时，村落也许还能再回到从前无须争议的状态。因此，不管今日之状况如何，为了将来无须将此点作为村落凋敝的征兆，大家都需要继续努力。

与之相反，无论什么都以人言为是，昨日为左派的演讲所打动，今天又因右派的著作而感怀，这种轻浮的妥协性，已经显露其弊端了。这种妥协性不但意味着青年气概的消磨，而且在好不容易出现的都市文化的正确利用方面，也成为阻碍。如果只是单纯的模仿便可，村落的周围就有着无数的先例与指导，也有着更为贴切的经验。但如果不仅如此，还需要新时代的意识，需要能够取舍的自主性，那么下一步当然需要关注不同的土地、不同的立场。无论什么时代，自主能力的成长情况，才是村落盛衰的晴雨表。

四　个人贫困与总体贫困

全村一致，从外部看来是美好的，一般而言，也被视为村中共同繁荣的证据。但就每个村民的立场而言，可以明确地分为两类。一类是因为境遇的长期相似而对他者的心情有深切的理解，与其说是人们不做想象之外的事情，不如说是人们做的事身边的人都能预料。另一类是村里有着十分热心而且话多的老大这样的角色，只要他在就不允许出现任何动摇，在他的努力下形成了一致。处于内部的人是无法认为不管哪种方式，只要最后意见一致就都是一样的。大权在握者专制的方式有时也会效果不错，但近来为各方面所滥用，也难以永续。因为其前提是个人的威信。

为什么会出现这两种类型呢？还是与村落的历史相关。在只有百年历史的"新田"村落①，其历程自是一目了然，而我认为即使是更为古老的"本田"村落，即最初建村之际由五家或七家定下协议共

---

① "新田"村落即共同开发新田而形成的村落，日本江户时代迎来了新田开发的高潮。

同合作而形成的村落中，也一直都是采取"共和"方式的。之后即使出现"分家"，或有百姓跟随，但"本家"只有一家，在其他本家眼中地位也是对等的。与之相反，如果是"草分"①之家率领并关照其手下而开拓的村落，即使这一"草分"之家中落甚至夭折，也依然会出现代替它的中心，代表村落总体的利益。小小的个人，如果没有特别的事端，也并不对此表示异议，只是顺从地跟随大势。当然，有权势者也会受到名誉规则的束缚，基本采取彻底的温情主义。一般而言，这种村落都伴随着贫富的悬隔，经济状况并不一致，只有遇到共同的灾难之时，村落的凋敝才会显示于人前。也就是说，农村的部分衰微，常常能够在不为人知的情况下，潜藏在这种全村一致之中。

所谓农村凋敝，当然指的是各家各户的疲敝，在此之外，并不存在集合起来才出现疲敝的可能。但是一些打算详加考察的学者，总是追问到底是全体还是一部分，如果是一部分那么是哪一部分，占多大比例。实际上，无论村落如何不幸，无论其中的小百姓利益如何一致，都不可能无一例外地每家都债台高筑、缺衣少食。如果符合这样的条件才算是贫困村，那么日本就一定是贫困村极少的国

---

① "草分"即最初开拓土地、建设村落的人或家。

度了。即使存在常年富裕之家，或者因为他人的困苦而大发横财之人，或是有一半左右的村民能够维持基本的生活，如果亲眼所见穷困者连年增加，朝夕听闻他们的苦楚，哪怕只是模模糊糊得出这片土地已经无法单凭农业而维持下去了这一结论，那么这个村落确实正在衰颓之中。接下来需要认真思考的是，其原因是这一村落独有的还是更为普遍的，其治疗方法在内还是在外。在都市的底层，不但有许多人深陷难以忍受的极端贫困之中而无法得到救济，日复一日坠入困苦深渊者的比例也比农村要高得多。其原因有一半是存于都市内部，目前还无法追溯诊治其源头，只能尝试贫困救助制度这样的对症疗法，但我并不相信其推定能够中其正鹄。另一方面，对于农村凋敝完全无法凭借村民自身的力量而有所改观这一看法，我也是大大地存疑。有没有办法，只有曾经尝试过的人才能够断言。而对此别说尝试，就连思考也还未能得详。

五　无法仅凭农业为生

有两种相互矛盾的看法企图判定重要的农村盛衰问题，一是将农产品，尤其是大米市场供给的增加，视为农村振兴的苗头或者意义；二是将农村人口的充盈，当成地方繁荣的基本姿态。既然适耕土地的地理分布具有局限性，而谷物又是优秀的剩余商品，那么无论希望多么热切，二者都无法两立。从实施"班田制"①，男性被授予两段②田地、女性为其三分之二的时代开始，养活一个人就有一定的最小面积。农夫并没有更多的贪念，但交易的需求逐渐促使他们从中产出若干的剩余，在其范围之内，务农之外的人渐次增加起来。进入庄园时代之后，实际耕作者的条件恶化，领主获取的部分逐步增多，之后更变为"公租"的形式，以致产生了"五公五民"③等令人咋舌的课税方式。依靠这种强制的分配养活，并原封不动为我们这个时代继承的消费者阶级，即使按照最普通的计算方法，相对于土地的生产力都过于庞大了。日本的都市对于来自地方的供给抱有强烈的不安，正是这一不协调的成长的结果。

如果是过去，还能以上谕的形式规定农民只能食用小米、芋头之类，以节省稻米的消费供给市场。今日也有农家制订计划，购入外国米而出售自产米。但无论如何计算，活着的人都需要活下去。即使不是直接为土地所养，也需要在土地之上经营各自的营生。而

---

① "班田制"即"班田收授法"，日本古代模仿唐制的土地制度，飞鸟时代到平安时代前期施行。

② "段"是日本土地面积单位，同"反"，1 段约为 991.736 平方米。

③ "五公五民"，江户时代的税率，收成的一半作为税金上交。还有"六公四民"的说法。

家庭的数量，如今已经达到了各个村落可以支撑的极限。因此，需要与这些本地消费者对立以确保都市的食材来源及原料供应的人变得异常敏感，不惜采取各种手段，这也是极为自然的事情。

村落也有类似的烦恼。土地的余地即使是相邻的村落也有显著的差别，人的流动也有着种种的障碍。于是一方面有人前往城市，去尝试尽可能不为土地所束缚的生活；另一方面，也早早出现了副业、兼业等问题。很多人希望将村落中存在的形形色色的非农业活动严格地与农业活动区别对待，但我认为这不现实。确实，被称为"海部"的水上劳动者，时至今日也对真正的耕作一无所知，其他也有少量不参与谷物生产的人，得以定居于狭小的闲置土地之上。但大多数常民，本就是为了务农而定居下来，tami（民）这个词的来源，就是在田（ta）里劳作的人。无论是工、商，还是士①，过去都只是一种副业，在生活的计划之下，最后超越了兼业的程度变为专业，如今到了甚至这样都还不够的程度。当人口的增加并未伴随土地的开垦时，无须外界奖励，村落自古就出现了种种农村副业。自给农民手作的家用品，若是制作精巧并能得地利，便会尽量生产出剩余，以便随时作为交易的材料。这一点无论是蚕茧还是蔬菜，又或是稻草、竹

---

① 士指武士，是当时的统治阶级。

子的编织品，都是一样。政府不合时宜地在其间划分界限，反而使得村落失去了原本较为熟悉的产业，村人再次变得无事可做，而村落已无法再回到纯农业的时代，于是村民的生活变得更加穷困。

六　不自然的纯农化

我认为，若一定要说是都市的力量使得农村出现了凋敝的事实，那应该不在于将其产业从千篇一律的农业引向了繁杂，而在于生产上反自然的单一化。就技术进步的角度而言，很显然，专心从事一种生产更为有效。但日本从很早以前就不存在这种意义上的纯粹农村了。即使是通过填埋或开垦形成的所谓"稻田一色"的村落，田埂上也会播种大豆，土堤脚下也会种菜，院子里养着鸡，屋子背后种着竹笋，只要卖得出去，这些都可以出售。如果有空闲，则试着养夏蚕，或是受人所请去邻村的茶山帮忙。这怎么能说是单纯农业呢？各个家庭在生活方式上也许颇为统一，但各自的生产却极为复杂。并非任何国家的农业都是如此。每一种产量虽然不多，但区区一户却有着分别种植十五到二十种作物的能力，这也许除了我国的农夫别无他例。也正因如此，他们才能支撑得起今天的生活。而其中的选择与搭配，既是自然而成，也是各家的自由。不是违心地离开先人故地，而是顺应周围的环境，在各自的经济实验的基础上，逐渐将精力倾注于最为方便且最为有利的领域，于是造就了今天的养鸡户、果园主、奶农。养蚕是新增加的一大产业，技术上有着令人瞠目的进步，但热衷于此者大多与传统的农业分道扬镳了。桑叶的买卖极为兴隆，甚至出现了专门的市场。而到了为养蚕而招募外部劳动力的程度，便已经超越了兼业的范围，可以说与从前村中的有钱人转而经营酒铺、油店别无二致。但是人们往往为概念所困，既对这些特殊农业十分爱护，又对其他在同样情况下发展起来但难以进入"农业"定义的职业颇为疏远。于是都市的资本便取而代之，在这些方面放手经营。

因此，我国农村的凋敝，反而最先出现在远离都市的穷山僻壤。平原上的所谓纯农之村如今逐渐开始感到不安与悲观，而同样的原因早就施压于山村，令其繁荣变得十分困难。这一先例，一定要在为时未晚之际，作为有力的参考。面对山本熊太郎氏的人口分布地图[1]，我们不得不深思的是，在日本这样山地众多的国度，如

---

① 山本熊太郎(1895—1979)，地理学者，与田中启尔(1885—1975)共同编撰了《日本人口分布图》，1928 年由古今书院发行，包括奥羽(日本东北地区)、关东及中部、中部及近畿、中国(近畿地区以西，包括广岛、冈山、鸟取、岛根、山口等县)及四国、九州共五幅。

果村落无法在山地得以存续，即使没有多少人实际言忧诉苦，也是无法置之不理的大问题。我们的祖先能够走进山地到那种贫瘠的土地上居住，一开始并没有期待能开拓足够的田地，实施所谓纯粹农业。他们心知田地只是为了保证最低限度的衣食，其他种种副业的多姿多彩才是生活真正的依托。当他们从武陵桃源的梦境中惊醒，浮世的交通渐次开辟，这些副业也是他们唯一的基石。木炭、木勺子、铺房顶的薄木板等，很多村落正是凭借这些产业才勉强立足。但渐渐地，不但狩猎、山顶搬运等被远方的人取代，就连最为重要的山林，也要面对都市资本的大举进入。国家率先将林业作为新兴产业经营，一副赏赐村民工作机会的面孔，需要人力时甚至从别处大量调集作为补充，不需要时则随时解雇，拿山林还是保持原封不动才是最有利的投资之类的说法敷衍搪塞。这样下去，本应具有永续性的农村，将不复有在山间存活的余地了。

七　外部资本的征服

每当我听到资本过于偏向都市的责难之声，总不由得因为世间轻浮的武断而苦笑。大多数资本家，只要能够出资，无论多少金额都愿意投向农村。比如全国的民有山林，如果获得资金是幸福的事情，早就已经沉浸于都市资本的恩泽之中几至没顶了。就连在地图上无法明确指出具体位置，如果不是坐于滑竿之上恐怕一生都不会前往的山林，都吸引着都市富豪的大笔投资。如果是这样的"恩泽"，只要条件允许，是乐得进入农村的。如果是期待这样的资金却不可得，只能说是努力不够了。

当然，其真意是希望能不受掣肘地利用低息的国有资本。简单来说，这实际上是平凡普通的都市资本家们，鼓动地方上略有才能者，倚仗身为农村居民的有利条件，去实现自己热切希望但却未能成功的事情。正如村落工业经过整顿依次被编入大公司的事业之中，或是山地生产违背居民的本意逐渐变得纯农化那样，我们今天富于变化的农业，也有着屈服于外来资本、其选择不得不长期受限的危险。实际上，在肥料及谷物交售方面，已经失去了一些自由。资本只有在具体生产者的手中才能成为武器和力量，而如果是由外部而来，就会伴随另外的意志，服从另一个体系的管理方法。尚不熟悉借贷之术的农民，在为了全村的说辞下受骗上当，对资金实际来源于两三名实力雄厚的外部指导者一无所知，最终在空欢喜中希望破灭。非常不幸，这样的事例在日本实在太多。

过去的三四十年间，在饱受冷酷债主欺凌、最终靠着政府的低息资金才得以摆脱困境的土地，举债是件高危之事。最危险的是以多人的名义借贷巨资的情况，即使是运用他人资金相当高明的个人，在整理共同债务方面往往也还很不成熟。今日村落为之所困的借款，很多虽然压力巨大但还算是不难处理。值得注意的是将村内资源转化为毫无用处的公司形式后，其权利在不知不觉间落入素不相识的股东名下，村落赖以为生的产业被外部侵蚀的事例。这与遭受欺骗而将山林、矿山的权利低价出售的情况并无不同。山林的自然利益，本应该是对居于偏远之地而长久艰苦忍耐的村民们的回报。为了将来的繁荣，当然应该充分利用外部的智慧与财力，但绝不应该只是因为居民懵懂生疏，就被恶意之徒掳掠而去。最令人难过的是，居中斡旋的是生长于斯的一两名耍小聪明的村人。他们庸碌无能，为了眼前的蝇头小利，断送了村落永远的生命。岛上和海边的村落，虽然没有山村那么凄惨，但也有不少事例以同样的方式将仅有的渔业权转让给了全无关系的资本家，居民不得不沦为以日计薪的临时工。同样的征服，只稍稍变换了一下形式，正向纯农业的地区大步而来。

虽然如此，称之为"都市的迫害"却并不恰当，理由有二。第一，这只是那些被称为资本家的人的谋划，居住于都市的大多数人对此毫不知情。第二，有些村人也参与了计划，甚至单独有志于此。如今叫嚣着地方金融乃当务之急的人物中，往往有人希望借此让自己所在的村落生活更为窘困，对这些人需要倍加警惕。

八　农业保护与农村保护

农村的盛衰，必须与农业的盛衰分开来考虑。在日本，农业无论从何种立场而言都还尚未衰颓。确实，不少作物已然式微，如茶叶、麦类等产量全无增加，棉花、蓼蓝等也因为不划算而种植意愿减退，栽培其他替代作物。众多的新种类农产物逐年增加，而主要谷物依然可以基本满足国内需要，丝毫不受其影响，耕地的总面积近来反而显示出减少的倾向。这说明不仅是平均到全国的水平有所上升，而且各户农家的技术与土地生产力也日益发挥着其效果。虽然如此，农村依然存在着不安，至少是能感受到衰颓的征兆，仅凭所谓农村经济学，真能轻易解释其原因吗？

如果只要农业得到保护农村就能兴盛，那么在现代这种保护已经相当完备。稻米进口要征收关税，如果仍担心价格下落，还能通过政府采购维持市场价格。其他诸如提供融资的方便、仓储的设备，以及更为有效的直接奖励或补助，几乎所有能想到的办法都在尝试。如此呵护，不仅历史上没有先例，恐怕在海外也找不到同类。似乎大家都坚信农业已经衰弱，非如此救助不可。但这种想法违背了事实，真正应该救助的反倒得不到帮助。仅凭这样的办法无法解决农村凋敝的问题，如今我们终于亲身体验到了这一点。本应赚钱却赚不到，努力劳作却依旧贫困，这种种怪象的原因还不得而知当然足以为耻，但也并非全无头绪。田地极端不足，有需求但无法得到充分的供给。外部资本以另外的目的占有田地，将其租给耕种者，出租的条件在摸清对方底线后提出，内容极为苛刻。而在代代相传的自有土地上耕种者，也开始模仿资本家的买卖市价，特意向交易对方提出苛刻的要求。以上这些都是近年极为普遍而显著的现象，也都是农业经济学的法则管理之外的事件。

众多的农学家将农家称为农业家庭，认为农村是仅凭农业为生的村落。按照这个理论，农村之外就应该有渔村、林村、商村等存在了，但事实并非如此。人以劳动为生，几乎全部的壮年男女，一年之内有三百日左右都从事着这样或那样的工作。虽然我也希望他们不必如此辛劳，但这就是今天的普遍情况。即使存在着精巧的劳动组织，日本也没有足够的农地满足需要。村子占地广，相应地，人也多。无论积极还是消极，村落一定以某种方式聚集了生存所需的各种工作。各种家庭生产即使还无法被称为"业"，也都应该被统括于这一目的之中。其大部分被村外的资本或事业所剥夺而造成的所谓纯粹农业化，大大限制了村子的活路。就纯粹化而言，农业远不如渔业、商业。于是在此，我想把"农村"这个词理解成可以从事农业的地方，或者是也可以从事农业的地方，以农为基础安稳生活的地方，尽力将日本乡村的利益拢聚归一，尝试恢复即将失去的和平。

九　生计与生产

我们必须考虑到古代重农的政治与今天的农业保护本质不同。农，原本是民可以安生的唯一且充分的手段。农民时至今日也相信这一立国以来的传统，希望以此保证全家及子孙后代的幸福。他们自己希望的当然是全生计的维持，所以在必要之时对于在农之外获得补充并不在意。然而都市作为消费者对他们的期待，不过是粮食顺畅无碍的供给，甚至颇有正是为了确保这一点才会担心所谓"农村凋敝"问题的倾向。至少，二者在希望村落繁昌的动机上并不一致。而从将农村的丰收看作可以开始浪费的兆头而欢迎这一点看，商人立场的经济形势判断依然风靡于世。无须详细论证，这与古来的重农思想迥异。如果从这一态度出发，以农产商品的数量为尺度，也许可以得出日本的农村不会凋敝这一结论。因为即使农户生活拮据而节省口粮供向市场，米谷的交易依旧可以显得红红火火，热闹非常。

总而言之，关于农村盛衰的外部测定全不靠谱。那么我们应该依据怎样的标准来判断村落是否衰颓呢？从理论上说，回答这一问题并不麻烦。村也好，家也好，与所有的生物一样，不能依靠自身力量支撑下去便是死亡。而大也好，小也好，这种力量部分出现故障便是衰颓。但如果将这一理论实际应用到复杂的人世间，因为生计的规模可以无限地伸缩，所以难以确定何种程度的生活对当事人最为适宜。从前，农民都遵循着年深日久的传统，大致有着一村之内的惯例，将逾越这些惯例而导致贫困视为自作自受，不予怜悯。但这些惯例非常粗陋，难以忍受不如说是一种必然。今天人们不再干涉他人的衣食生活了，但作为交换，无论因何缘由陷入困境，也都难以相互救助了。人可以独立地、自由地变得贫困，这一点农村与城市没有太大差别。于是，对抗的手段也都由个人随心所欲而定，有的为存钱蓄财而节衣缩食，有的面临绝境却还纸醉金迷，从外部状态来判断其生活的盛衰也越来越难。但从总体上说，一个家、一个村乃至一个国家，其消费都无法超越自己全力以赴所能够创造出来的财富。远在接近底线之前，贫穷的征兆一定会在某个角落显露形迹。

一〇　关于人口的粗浅看法

自古以来外部观察者颇为留意的衡量村落盛衰最为简便的尺度，是人口与户数的增减，旅行者在路途中见到人马喧嚣，其日记中立刻就会出现繁盛之地的字句。但依我所见，户数人口的多寡，从来就是盛衰的结果，而非其前兆。人与其他小动物一样，在生儿育女期间，会尽量停留在一直居住的地方。如果生活资料丰富，自然亡者少而来者多，人数也便渐次增多。或是虽然尚未增加，但今后已是见长的趋势。在如今这样增长的大势之中，如果还有人口减少的地方，那么早就已经超出所谓令人担忧的程度了。农业生产自然衰颓，其他所有的荒凉凄惨也将展示无遗。日本国内虽然罕见却也已经有了这样的例子，我们岂能一味乐观，要亲眼看见才愿考虑救治的方法？

户数人口本应大增，但增幅却不如其他村落，甚至长期处于停滞状态，一般而言，这被视为当地衰颓的兆头。然而这一标准是否适当，依然存疑。至少，人口增长率的数字不足以作为村落幸福的量度。对各村之间户均耕地面积等劳动条件大相径庭略有所知的人，一定会承认这一点。换句话说，如今人手不足的地方远比人数过多而所有人生活都变得艰难的地方少见得多。然而世间也确实有一种感情，永远都为昔日的繁荣带来的结果而欢庆，为有人离村而悲哀。勤劳肯干、身强体健、没有负担的人自然最容易离开，他们也率先离村而去，其背影格外醒目。但这一事实对于其本人、对于村落，是否是一件值得哀叹的事情，如果不折返视线细察村内的现状、居民总数，特别是人口与自然条件间的平衡，就难以断言。只是把数字做成表格，将离村等同于村落的凋敝，并非从心底期待共同体幸福的人往往如此，但实为大谬。

过去在农业之外没有像样的工作，离开农业便意味着成为游民。但如今不如说是在村落之中无情地促使着游民的产生。为了不让骨肉兄弟离散，首先需要在村内创造劳动的机会。如果做不到这一点，就得鼓励人们走出村子。正如在下一章中我将谈到的，日本是将鼓励出外劳动当作国家政策的国度。前代记录中历历在目，并且是值得今后大加期待的村落的一大功绩，便是向外输送了大批开辟新天地、创造新事业的人才。亲友故旧含泪相送，诸多名士豪杰就此走出乡村。为世界所忌惮的日本的移民力如今非常不幸，在拙劣的指导之下无法显示出真正的价值。但这正是我们的余力所在，是我们这块土地最为出色的产物。此前一味从偏颇的立场出发，为结果不佳而悲观，却不去研究稳妥的利用方法，这是万不应该的。

第三章　文化中的中央集权

一　政治家的误解

在新近出现的农村衰颓感之中，一两处近代都市的兴盛，显然成为其原因之一。希望单纯凭借隔离与警戒就让国民处于蒙昧的安心之中，如今已经十分困难了。我们在进行自由的比较之前，必须要考察一下这种都市势力的来源与依据。人们经常使用"克服都市"这样的说法，村落是否存在如此程度的弱点当然是一个问题，而更为必要的是思考最终得到承认的都市地位，到底基础为何。

明治政府施行新政，同时决定将绵延千年的首都东迁①，这带

_____

① 自 794 年由奈良（平城京）迁都京都（平安京）后，京都就一直是日本的首都。

来了难以形容的民心激荡。千万国人不谋而合地将提高新都的威望作为国运展开的第一步。这并非只是来自清除旧的地方割据势力、作为统一国家象征的政治考虑，这一点只要翻开当时的法令制度就能明白，因为其中没有任何保证东京优越权的内容。尤其是市制施行之后，所谓三府①仅是名称上有所不同，其他的市如果原本就有活力也能不断成长，成为米兰、纽约也并非空想。然而民心所向，依旧尽心守护着这一处，仅用不到五十年的时间，就将破旧的江户建成了世界的东京。从远古时代就仰慕首都的无邪性情，受到革新时代的刺激，自然而然作为共同的奉献而表现出来。虽然时至今日还有着不尽如人意之处，但相信在后世子孙眼中，如此壮大的国民全体的事业是无可比拟的。

当然，为了将在数百位大名的统治下分为众多藩国长期相互对峙的岛国结合为一个整体，大家和睦相处，共同繁荣发展，强有力的中央集权十分有效。于是外在形式上需要显示出所谓政令出于一途，甚至不惜被批评为反动。例如，高级政府机构集中于东京一地，并被赋予了充分的权力，各地政府为了不让居中传达者有篡改上意之机，常常主动上京接受指导，这些都给世人一个

---

① 三府指东京、京都、大阪。江户时期称为"三都"。

印象，就是凡事都应唯首都马首是瞻。但如果这是唯一的条件，那么大阪、京都就不可能有今天这样的繁华。换句话说，在中央之地拥有一处首都便可满足的时代早已不再，从国土的地形或是社会的实情出发，在四方各地都拥有适度的聚合之地，已经成为国民生活的需求。但是如果聚合的方式失当，我们就不得不因为自己的创造而烦心劳神。认为在行政的中央集权上略加削减便能匡正文化上偏重都市的想法，是完全未将首都之外的都市的影响置于眼中的愚见。

二 都市文艺的专制

现今的政治家，可以说是与文化发展关系最浅的阶层。其证据之一，便是学问、文章及其他一切技艺都有着向中央集中的倾向。这是我国让人完全无法称颂的特点之一，恐怕世界各国都难以找出同样的例子。而这与施政之术间没有任何因果关系，无论直接还是间接，这一点都是公认的事实。并非国家加强了中央的政府机构，于是将天才们带到了首都。今天东京的出版业，名副其实是君临全国，政府不要说支持，就算是管理也难以做到，而这一倾向是继承自前代。江户时代直到中期以前，良书佳卷主要出自京都，后来武藏国东部①需求增加，制版师的技艺在江户发展起来，最终能力过剩，连无益之书也做得极尽精巧。在乡村享受读书乐趣的人，其兴趣受到都市著述种种任性的支配可以说渊源已久，并非是印刷复制技术出现后的事。以文字进行教育的方式，本来就是兴于帝都，并仅在帝都维持的。只有千里迢迢负笈上京并长期停留才能潜心学问，而利用学问也需要居住于都市之中。明治时代以前，身有"学艺"即受过书本教育就能受到高度承认，被委以重任，这样的机会可以说数不胜数。既然学问在十几个世纪中一贯为都市人严密垄断，那么一旦踏入这一领域就会尊崇都市而以乡村为"鄙"，也便是不得已的结果了。

但是，到了教育普及、文字的恩泽将要遍及穷乡僻壤的时代，自然需要有其他的准备。所谓文字之师，也是都市文化的颁布者。人们在无意识中受到感化，也在有意识地进行模仿。这时对文学有自信甚至野心的人，把都市当作自己一展风姿的舞台，希望登高一呼而号令天下，实属自然，而争先恐后以市井喝彩之声吸引远方的注意，也成为一种需要。村落率真的赞美却带来自我轻视的风气，其原因便在于此。无论学问还是技艺，原本都并非与都市密不可分，只看其题目之

---

① 武藏国东部，此处指江户。

宽、取材之广便可得知。其渊源远比市镇的诞生更早，在我们的祖先都还居于乡野之时便已出现。因偶然被盛入异国之花篮，主要装饰于贵人之家，而终为雅俗二流，长期以来前者仅仅代表都市的文化。如果任其自然，不经过大幅的补充修订，当然不可能有助于当今农村与都市的调和。不幸的是，并不希望发生这种变化的，依然大有人在。

三　归化文明的威力

学问艺术定居于都市，就结果而言的确是值得欣喜的现象。不但全国的才俊因此少了遭受埋没之苦，络绎而来，以新的力量加以传承，而且学问艺术也在内外的刺激之下茁壮成长。整体而言明朗华丽，而且变化较快，是近来文化的重要特点。这间接地引导国民，在气质及处世方法上有了世上少见的轻快，也无须为之后悔。但因其所处之地的关系，不但农业之外的从业者首先得以享用其成果，工商业者更有着加以利用、降低成本、增加销量的方便，这些人在交易中的立场变得有利，资本也自然容易集中，进一步发挥对地方的控制力，这一点无可辩驳。

都市的繁荣原本只是一个结果，但如今却开始将本是自己滋养之源的学问艺术拉近，限制其自由了。正因如此，看上去变化多端的文艺倾向，其实一定程度上能够有所预料，能够抢先一步引领流行。科学虽然似乎无所不能，但其中也有着众多的阶段，只有最能为资本家所用的那些，才能吸引最多的研究者，这也是同样的道理。学问的成长和发展，已经不再像从前那样自然了。人们的选择会为生计左右，国家本应将其综合到全人类的利益中去，但实际担当判断之任的却是不学无术的俗人。至少教育的中心应该置于政治的范围之外，这一必要性已经日益迫切。

近代更为都市的学问艺术增添了一名新的指导者。当年大和朝廷采用唐式，皇都高高在上，只可仰视。同样，五山僧人①委身俗世热心从事的学问，也不过是让田野村夫甘心俯首，惊叹拜服。而如今的归化文明，更是以数倍的浓厚程度刺激并支持着都市人的兴趣。在保守派尚不具备力量与之对立、争取平衡的国度，所谓取长补短的国策，带来了颇为棘手的混乱。但所谓都城、朝廷，无论在哪个民族，都是外国文化的主要入口，敏锐地把握和应用外国文化，不断地创造出新的东西，是我们都市的一大特点。如今的时代，国家充满自信，所有的固有思想都开始苏醒，却只有学问艺术，至少在外观上日益失去国民的色调，如海岸边的松树悄悄改变

---

① 日本在镰仓、室町时代引进中国的禅宗，建立了"五山十刹"制度。

着姿态，其原因来自都市的地位，来自置都市于内外交界之处，让它率先与远来的风潮相互冲撞、调和的人心。

四　被撺掇的贸易

随着国际关系的发展，首都的重要性越来越高，历史上已有其证。虽然规模略小，但各藩的城下町，也随着与藩外的交通而涵养了其难以动摇的力量。然而现代对外交涉之紧密可谓史无前例，新的影响之中有不少令人意外的情况。同是异种文化的输入，主动摄取和被动接受之间的差异不可小觑。国际贸易与战争或移民一样，都是有需求的一方首先采取主动，而另一方只是做出回应，尽量满足其希望而已。如果陆地接壤，还可能是双方相互靠近，而对于海上之国，则不是对方前来便是自己前往，二者必居其一。从前日本是农民可以自给自足的国度，交易一般都是被动的。遣唐使的目的在于学问与技术，因此在菅公①这样学者的建议下终止，也并未特别为难。到了足利氏②中期，都城困顿，所需甚多，仅靠不时前来

————————

①　菅公，即菅原道真（845—903），日本平安时代前期的贵族、学者、诗人、政治家。894 年被任命为遣唐大使，提出废止遣唐使的建议并被采纳。

②　日本室町幕府将军的姓氏为足利。

的唐船不敷其用，于是从各处扬帆出海，一时间十分积极地尝试开展了主动贸易。本来照此进行，顺利的话也许就会出现凡事皆重商的阶层，长期维持这样的交通。但国内情况稍有好转，愿意冒险出海者就随之减少，思路又重新回到在自己国家的港口迎接前来贸易的外国人这一原点。这并不是由于好奇心不足，而是当时国民的各个阶层，都缺少主动开展国际贸易的需求。与之相反，海外已经有数百年寻珍探宝的历史。黄金岛之梦虽然成空，但无中觅有的种种冒险依然大行其道。满载福音与贸易之志的商船，远赴重样，逡巡于东洋的海岸。我国曾经的所谓锁国政策，不过是极端地限制了这些意欲靠近的外国船只的数量，开港也只是限制的解除而已。而如今的积极贸易，是新的变化，是第二种力量的结果。

都市与农村相互影响的关系，与以上的国际交涉如出一辙，对此我丝毫不感到奇怪。农民原本是安居于各处的盆地，生活不假于外的人。后来同胞中不事耕织者，也就是都市人，积极主动地向他们寻求交易。其时都市力量尚弱，而农民只要产物的富余能够支持自己的生存，就依然凭着向来的豪爽，轻视交换的条件，对外界东西的价值并不加以仔细考量，而且因为刺激的新奇，在选择时常常变得大意。这是原始生活者的常癖，也是被动贸易者的弱点。不久他们的兴趣变得更为复杂，这渐渐促使经济组织也发生了变化，一方面生产力得到改善，同时随着商人势力的增大，主动创造出大大小小的市场并甘心受其统治。都市以外国文化为背景威望日盛的情况，主要出现在从第一期的被动贸易向其后的主动贸易转移之际。而到了下一个阶段，从前那种对输入的全盘欢迎就应消失，而中介机构的任务也应该为了国民的利益而得到新的整理。

五　对中央市场的承认

"过渡时期"这个词已被颇为滥用了。谁都不愿意在这样的名义之下度过一生，但明治以后的经济界，陷入千年以来传统的农本意识与追求贸易扩张的工商立国论的对立中，受其牵累，是不争的事实。八面玲珑的政治家深受其苦，新近提出了所谓"产业立国"的口号，但可谓空洞无物。不依靠产业而能立国的，也就是西洋的摩纳哥、东方新近灭亡的德那第王国①，还有果阿②等海盗王国。一般

---

①　德那第（Ternate），印尼东部马鲁古群岛的一个岛屿，是丁香的主要产地之一，曾是王国，1257 年建立，1914 年灭亡。

②　果阿（Goa），位于印度西岸，16 世纪初成为葡萄牙的殖民地，1961 年印度以武力夺取其主权。严格意义上不应称其为海盗王国，但作为葡萄牙亚洲贸易的据点，与柳田的论点不悖。

而言，立国都需要以农业生产为基础，并最大限度以工商业充实与繁荣生活。矛盾和对立都是伴随着强调发展一方就需要抑制另一方的论调才出现的，而二者的界线其实并非泾渭分明。

农民首先需要了解的一个事实是，我们的国土与生存要求早已无法仅凭农业维持，今天大大小小市场的开设都是为了填补其空缺。村落也有市场，有固定的集日，寥寥几名旅行者混杂于周围的小生产者之间，交换他们消费之余的物品。这种市场与都市的市场虽然文字相同，但目的迥异，并非后者是前者发展成熟后的姿态。从前称商人为"akibito（秋人）"，也许是因为他们常在秋收季节来收购余粮而得名。今天的商业，则是订货甚至计划并指导生产的行业，市场实际上是他们的公告板。此外，商人还在其他生产者中拥有更加亲密的朋友。工与商，不但今天几乎都在都市中比邻而居，同处于大资本之下，而且其职掌也常常互有重合，作为一方事业的一部分也需要从事另一方的工作。在易于合作、规模可变以及生产种类的选择自由度方面，农完全无法与工比肩。于是曾经的兄弟也就分道扬镳，变得相互对立了。

科学在都市获得成长，并且最先支援了工业，这一点已经在前面有所提及。国家为了积极发展对外贸易，在这方面寻求伙伴，也是自然的趋势。如果说中央市场是这种需求的表现，那么农业被置于较为寒酸的从属地位，也实非得已。经济上的中央集权，不得不首先从国民整体生活的需要出发，以优先承认大市场的形式偏袒都市。如何实现政治的平衡与两种文化的调和，利用此制度为国民全体谋幸福，是另一个值得深究的问题。对凤毛麟角的农村商业分子大加声援，推动其与中央市场争雄，不仅本身无益，而且可能招致农村振兴舍此无他的误解。

六　有害无益的谷价统一

在日本与西洋诸国缔结对等的通商条约之初，舆论十分谨慎，不希望农产品出口过多。这当然是因为饥荒的体验还一如昨日，有着所谓"珠玉金银，饥不可食"的幼稚的"贵谷思想"。但如此开放的一个国家，仅凭农业进行贸易的想法完全不切实际。只有人口稀少的殖民地，才可能凭着土地的产物购买外来的制造品。若非如此，便只能是贫穷国家暂时支撑的权宜之计。日本国内也不乏其例，食物仅能糊口却还要拿一部分去出售，只让中间商赚得盆满钵满。若是如此，究竟贸易是为了什么，就颇令人生疑了。

我们从未像美洲或东欧的大农场那样，计划过面向商业的农业。农作的本意从一开始就是将所有的土地分予希望耕作者，让他们能够如愿以偿。只有那些收取地租的人，一点点地卖出手头的盈余，为工商业提供了土壤。在这样的情况下，囿于农业国之名，欲以农业谋求贸易，是一件痛苦的事。其结果恐怕也只是国内外生产成本的差异变得显著，农产品的出口难以为继。无论多么重要的谷物，如果并非国际商品，就不必统一到中央市场，更何况那些全国各地均在种植、均在消费，有余之处与不足之地犬牙交错的产品呢？仅从节省运费而言，也需要尽量限制长距离运输。由于生产地的盛衰以及当年的经济状况，实际出现在市场的商品数量会有巨大的变动，这一点不难想象。而将这样的产品也与食盐、砂糖等工业品一样对待，希望在对总产值的模糊预测之上，以政府之手对交易加以调节，更只是贻笑大方的算术游戏。从农民角度来说，是对中央市场不必要并且过度的承认。

到底是什么力量将如此巨大的管理权交付给了中央，个中原因错综复杂，还无人能够明确说明。在食物供给手段尚不发达的时代，不让都市挨饿，是政治家的一种本事。正像近年的"米骚动"①所显示的那样，虽然运输方面的能力已经具备，但大资本采购、

---

① 1918年日本爆发的全国性民众暴动，因各地多以抢米的形式爆发，故一般称之为"米骚动"。

囤积的力量也在加强，轻微的欠缺依然会造成令人惊讶的价格飞涨，消费者身边威胁与不安依旧如影随形。所谓平均政策的必要性主要因此而生，但这应该由各个都市自主判断，不应以之限制全国的生产者。如果以都市处理供给过剩的办法来解救广大的普通生产者，那么其结果也许是无论何时仓库中都充溢着陈米，反倒期待着时不时出现一次歉收了。一方面想方设法增加稻谷的收成，另一方面却希望防止不过是其结果的市价低落，这是不可能完成的任务。而一般而言，维持高价带来的利益难以惠及生产者，只是增加了交易的复杂性，强化了所谓投机的技艺而已。至少对于农村而言是有害无益的干涉，也是中央权力的不当滥用。

七　资本的间接压迫

无益的统一已经带来了一些不好的结果。没有比农业更容易受到各地具体状况束缚的生产了，即使是努力调节以适应各自的自然，也依然会苦于外界的压迫，这是各个藩国长久以来的经验。而中央大权在握的人却企图凭着对都市的市场和一两处著名产地的观察，对此进行概括式的指导。坚信保护政策是唯一解决办法的人，其实是在无视国内诸多能够想象得到的不平衡。即使不立即称之为资本的灾难，至少也是对统计数字的迷信吧。

我们农村的生产品，如今虽然种类繁多，但除了其中若干受到市场影响的所谓惹眼的商品，其他都按照地方上的价位，其评估自由变动。居民的生计花费也与之相调和，选择搭配日常使用的材料，过着最适合当地情况的生活，这是广义的自给经济。以村为限的这种物价的相异，从未对国家整体的安宁造成过麻烦。将有一定产量，能够储藏、搬运的产品全都当作想象中的商品，才让地方消费者的经济不得不受到掣肘。关于稻米则更是有一种迷信，往往限制其自由利用，把单纯的管理当作某种特别的威力，这种倾向古已有之。在如今中央市场的背景之下，如果对持有稻米者有求必应，那么最明白无误的事实便是，至少我们无法期待将来村落的农业能发生分化，养蚕等稻米种植之外的特殊生产能发展起来。更不用说非农业者将失去居住于农村的意义，其利益关系终将汇入都市人的行列之中。

人们普遍认为，局部歉收的地方在谷价的统一之下会遭受最大的压迫。国家就整体而言丰收，但某些具体地方则是歉收的情况下，周围或是高价买入或是节约消费，在一定程度缓解其不幸，可以说是割据时代的一种恩惠，交通便利后歉收的损害反而更容易变得惨烈。而因为日本南北狭长的地形，天灾往往是局部性的。如果只是自然原因，还有可以解救的方法，而相反的情况，土地广阔、土壤肥沃，有着优越条件的地方，本就因为生产容易，即使价格便宜也能获得利润，如果这些地方一跃而受尽中央市价的恩惠，其带来的损害则是无法弥补的。关东、东北地区这种村落较多。随着开发的进展，能够逐步享受到平均的利益，这是农村兴旺的唯一形态。在这个过程中，下一代更好的生活得以建立。而正如火车驶入深山，木材薪炭业迅速企业化那样，如果土地利益陡然暴增，而利益均归属于土地所有者，其影响就如同巨石投渊。直接耕种者或许也曾为此而欣喜，但如今其形迹早已不存。因为无意义的平均主义而错过难得的大好机会，一定会让农村的后继者们后悔不已。不幸的是直到今天，其祸根依然势力大张。

八　经济自治的不振

所谓农业的商业化，也许大家还有些耳生，但确实已经是迫切的需要了。与以前相比，许多农家工作种类锐减，生计压迫日增。不考虑产品的估值，便难以坚持一直以来的勤勉。加之他们的子女陆续进入都市，扩大着消费者的队伍，如果农村人自己不积极尝试商业化，那么在其外部出现取而代之者已是必然。《米谷法》①便是一例，因为村内的当事人迟迟没有动静，于是有人为之心焦而制定出了这样的东西。其本心是出于对农村的好意，但好意未必就是良策的担保，已经有诸多迹象显示了这一点。

首先，所谓商业化，并不等于对中央大市场的服从，也不需要是大宗的交易。无论是船运还是仓储，稻米都无法大量聚集一处。而大米是全国各处都在种植、都在食用的，并非什么珍奇之物。一定要集聚相当的数量，还要预备若干的追加，这只是大规模的都市、矿山、工业地区的需要，是参与其供给的商人的需要。这里还要提及内外贸易的差别。远销才需要确定品牌，照样备货，做好一次性大额交易的准备。但在我们之间，则是立即出售，每天零售。无论销售还是生产，大量集聚都毫无益处，事实上也不可能。自始至终，都只是商人们展示夸张的数字，希望为自己的行为创造方便而已。被他们的吆喝声所迷惑，谈不上是什么商业化。

简单来说这是都市势力的浸润，也是农村经济自给的解体。在这个意义上，商业正在逐步统治农村，农业要想回到长远而言

---

① 《米谷法》是日本为调节大米供需关系、稳定米价而制定的法律。1921年公布，1933年为《米谷统制法》所取代。

对自己有利的业务上，希望甚为渺茫。归根结底这是商业化到底由谁来计划以及目的是什么的问题。目前表面上是为了都市，但实际上只是为了商人更自由地在农村开展业务而已。日本的养蚕业在技术的进步上可以与任何精巧的工业媲美，其功劳全部属于农村人，也是他们将来强有力的希望所在。但一旦将其交付与大宗贸易，便只能承认外部者的指导权，自身甘居前线的斗士。最近三十年肥料的配给形式确是商业化了，但管理者也并非农民。农民只是在给定的条件下，为了各自的利益而殚精竭虑。农村凋敝感的与日俱增并非中央集权制的恶果，依我看来，这是因为农民还未掌握自我教育的方法。

九　牺牲地方交通

若是存在利害冲突，兄弟之间也会势同水火。和平的首要条件，是尽量明确共同利益。但都市自其开端，就是从农村带来各自的计划，希望把握住有限机会者的集合，是追求"一将功成"的地方。当然是代表难以产生，而个人意愿容易表达。与此相比，农村还保留着过去交流的基础，至少大家互相知道生活上的需要。不去尝试将其利用于新的结合，而是动不动就面向中央市场发动经济上的努力，只能说是一种怠慢。

随着都市的膨胀，消费者的不安也随之扩大。为了消除这种不安，都市盛气凌人地向农村提出了任性的要求。观察近年所谓"换价作物"①的倾向，一方面是工业原料中尽量初级的，即都市能够获取最大加工附加值的产物进入指定名单；另一方面是果实、花卉等纯粹供都市消费的商品日益增多。虽说土地的利用变得自由了，但实际上是被置于明确的引导之下。而为了让农民能够乐于提供这样的产品，作为交换由都市进入农村的商品，如同从前白人的殖民地贸易一样，多数是刺激新的嗜好及欲望的东西。奢侈即使尚未成为我们精神上的疾病，至少也已经是社会组织上的疮痍了。

日本迄今为止的交通，本来就是出于都市的意愿，借助了资本的力量，所以也是顺着这条脉络发展而来的。所谓铁路网这种令人惊叹的计划，结果不过是以两三处中央市场为中心辐射状展开。最近谋求地方间联络的声音高涨起来，但其实也只是作为赴京的近道而受到重视。对于我们特征多样的岛国地形，这带来了地方关系的巨大纷扰，令村镇的盛衰变得更为激烈，其事例比比皆是，但我们绝不能视其为自然趋势而死心断念。一种情况是跨山连接两条溪谷

---

① 此处是指中央市场指定的交易基本品种。

的道路被切断，于是溪谷变成了两个口袋。山岭两侧风土各异，海产品可以通过其中一方获得，本是最适合互通有无的邻居。然而铁路贯穿山岭时，只会从众多越岭道路中选择一处，其他地方都将变为最为偏远的村落。另一种情况是在海岸线的无数曲折中成长起来的村落和小港口，因为身后有了火车飞奔，船运失去了空间。不知出于什么道理，在如此狭长的岛国，水上往来正被陆地交通所代替。国之南北西东都心急火燎地朝向中央，明明是邻县却都要介绍到首都，货物因为无益的统一与再分配而浪费着有限的煤炭资源，这些显然与国家中央集权的制度无关，而是商业组织的缺点。

一〇　小城市的屈从模仿

大都市的繁荣成为农村陷于不利或是衰颓凋敝的一种征兆，这是不得不承认的事实。但幸运的是，现在还只停留于倾向，没有人相信这一偏颇的发展就是最后的完成形态，匡正修补的方法还有很多。为了不留下永世的遗憾，首先应该仔细思考究竟需要什么。仅凭近年的少量事实便将都市视为危害加以抨击，应该称之为"诗人式的武断"。按照今天的人口状况，健全的都市多多益善，这需要农村人用自己的双手去积极计划与建设。应该引以为戒的是都市的弊端，或是对都市不当的利用方法。脏水与孩子，和尚与袈裟①，完全是两回事。

都市的范围，其实并未得到明确的定义。如果将不宜称之为农村的全都视为都市，那么其中就应该有着若干的类型和阶段。我们最先注意到的是都市之间有着成长速度上的巨大差异。大致而言，极少数大规模都市成长迅速，中等以下城市中不少都是发展停滞，甚至从各方面看来都在萎缩的，而繁荣的那些也一定有其简单而直接的理由，其发展的限度也容易预测。也许这就是世人一面更加尊崇大都市，一面将一切责任归于政治上的集权主义的理由。但其实，并不曾有人在心中描绘过那样的计划或是期待，因此这也是需要研究的一个意外。

更重要的问题是，都市居民更容易被驱逐，因此其命运之悲惨常常甚于村民，并且难以凭借自己的力量获得挽回的机会。这一点无法如同农村凋敝那样有人高声疾呼，往往只被当作个别的偶发事件或自然趋势，无论当事人自己还是别人都过于轻视。这种"衰颓"绝不可能为周围的村落带来幸福，而从现在的不安、动摇之中有着都市与农村的共同要素来看，在这一点上不如说二者利益一致。我

----

① 日语中有"恨和尚以至于恨袈裟"的说法。

们不能拘泥于都市这一笼统的名称，而以隔岸观火的态度去对待。

都市的盛衰，当然不能仅以人口的多寡为量度。有新增的居民，就一定有其诱因，也有其前景，这是今天的常识。但即使人数相同，如果出力者离去，依赖者取而代之，都市的面貌在很短时间内就会为之一变。很久未兴起新的事业，缺少能与土地相连而被人们记忆的反映时代文化的设施，都市中众多这样的事例，都是因为以上肉眼不可见的变化。通过调查很容易知道，不只是沦落的世家，居住在都市的传统工匠在迂腐程度上有时也远胜农民。他们无法适应时代而废弃职业离开后，绝不会出现后继者，都市的生产也随之一点点减少，最终成为今天这样纯粹的消费之地，而在将来自农村者视为猎物这一点上，甚至比中央的大都市还要残酷。

外国的事例未必能成为参考，但都市繁荣的最初动机一般都是竞争，是与邻近都市之间的对抗，自我意识因而觉醒，最终成为一个有机体。日本经常会有小家子气的政治战略，企图挑动地方间的争斗而巩固中央的地位，但二流以下的都市还从未显示出相互对立的气势。当然这也可以解释为对皇都景仰之情的无意义的重复，这些都市最终因为人口和面积等外在条件而轻易承认了大都市的优越地位，不仅自己甘拜下风，而且利用每一次机会充当中央势力的引路人，尝试借此在更小的地方实现自己的理想。这往往带来令人啼笑皆非的模仿，文化也变得难以忍受的单调，只用去看看那些刷着天蓝色油漆的小建筑物①就不难知道。如此这般，独特的生活方式渐渐消泯，各处都丧失了自己的特色，只留下厌农的风气。都市的人口流动过于频繁、剧烈，难以察觉到自己的这一弱点并进而寻找新的前进道路。只能将希望寄托在未来将成为都市居民的农村人身上，期待他们对此倾向能够事先留意了。如果他们也做不到，那么日本人终究逃不过缺乏建设都市的能力这一批评。

---

① 此处应该指的是明治、大正时代日本各地出现的外壁木板涂漆的西洋风格建筑。

第四章 城镇风与乡村风

一 城镇风的农村观察

在我国，只有以都市的视野观察农村的记录，才作为年月久远的文学得以流传世间。对此，如果不考虑另一个系统、另一种视点，那么在新文化的选择上也会出现阻碍，但迄今为止我们还没有掌握相应的方法。对于城镇风进入农村，此前也确实有人忧虑，但防卫手段却只是隔绝。虽然希望以愚钝的隔离维持固有的状态，但其实主张者本人的内心早已被都市的学问所浸染。而且即使不喜变化，其动机也未必总是纯粹的。杂乱的现代生活技术，犹如禁苑之果，总是在无条件的好奇心之下被人们接受。人们放弃自己的批评与取舍，一味地期望以外力解决问题，其责任不如说在于劝诫这种风气的方法过于笨拙。

我们首先有必要重新站在村人的立场上，思考一下城镇风的农村观察在历史上到底有多大程度的根据，而这一工作并不特别困难。两种方向完全相反的思考方法，至今仍然支配着都市居民对农村的态度。而为了能保存相互矛盾的两个方面，舆论不得不勉为其难。一个是对农村生活安逸、清净、快乐的赞歌，另一个是对其辛苦、穷困、寂寞无聊的同情。如果这两种描述俱是实情，那么很难想象它们能够同时存在。人世间本是苦乐掺杂，而现实中一般是苦的成分要多一些，所以人们常常将乐的慰藉寄托于远方，正所谓"往日可追思"①。农村凋敝的呼声容易引人注意，其原因也在于此。而都市人为了自己，也希望将农村描绘得更加光明，更加美丽，这是事实。我认为有相当的理由藏于其中。

我打算简单地称之为"归去来情绪"。换句话说，是离村初来都市者心中对未来的不安，以这种形式长久地保存了下来。当然，无论什么时世，田地里有稻米、林子里有薪柴的生活，都让人羡慕。但尤其在近代的都市，新来者为数众多，无论其中哪个阶级，都有人忍不住怀念从前的生活，那时天地广阔，生息自由，努力与兴奋

---

① 取自《新古今集》杂 1843，作者藤原清辅（1104—1177），平安时代后期的著名诗人、学者。这句话的大意是若能活得更长，今天的艰辛也会成为明日的怀念吧，因为往日已是今天追思的对象了。

在个人层面能够调和。对于他们来说，山水花木、四时风光，都不过是咏叹的对象，自然带来的愉悦主要来自其丰富。正是逐步远离生存资源的所谓"非农民"的不安，使得故乡变得难以忘怀。说法不同但至今尚行的休养之旅，或是游山、别墅等奢侈，也不过是源自希望尽量靠近食物之所在这一动物共通本能的表现。只是人的感情更为错综曲折，还难以将之利用于社会改造而已。

二 田园都市与郊外生活

所谓"田园都市"运动，在这个意义上，的确是新的风尚。近来的都市里，街道的林荫树以及公园广场等的绿色已经颇为丰富，但还是有很多人希望家中依然能够经营小块的土地，自己生产出一些农产品才能心安。但蜗居于城墙之内、高楼之中，自然难以再拥有这样的空间。于是，由那些怀着美好理想的人发起，人们尝试着在空闲的郊野新建宽绰的小都市。如果能为每位居民提供平房，并附带些许庭园，其理想当然就算是实现了。但这关系到资本，也关系到职业，在旧国难有这样的机会。若非土地足够廉价，住宅的费用将难以承担，也难以找到相应的事业维持突然出现的都市。结果只能通过慈善捐款，或是花费巨大的公共经费，来满足一小部分人的希望，而其他人依然只能去野外散步聊作安慰。作为其间接影响，密集生活渐渐为人们所避忌，单纯以人口的增长作为都市繁华象征的风气渐衰。欧洲诸国的大都市在郊外开设市民专用的圃场，也是一种副产品。火车鸣笛就要进站之时向铁路两旁看去，都是这样的田地，划分为一亩或两亩的狭长区域，各随心意地种植着各色鲜花与蔬菜，无数简陋的小棚子点缀其间，应该是存放工具或是稍事休息的场所。为了市民能够时时来此从事"农业活动"，在都市外设置这种颇显异样的设施，是近年来这些大都市的一种流行之举。但是，仅靠这些当然无法满足社会整体的希望。

西洋各国出现这样的计划，是距今三四十年前的事。正好在同一时期，日本的一些都市规模扩大，最终不得不放弃农产品的直接供给。从前多数城下町的四周都有农田，可以称之为准市民的农民耕种于此，每天将自己的产品运入市内，成为惯例。再小一些的地方，特地将宅地设置成细长状，在后院种植自家食用的蔬菜瓜果，称之为"前栽田"，将其经营作为家务的一部分，基本原样继承了农村的生活。也许正因为身处都市之中，这才特别不可或缺。所谓士族的大宅，原本土地供应就较为充裕，下人也一定是农村人，在宅地内种地是理所当然的事。如今有人为当年在江户城的中心还有田地而惊讶不已，其实觉得惊讶倒是奇怪。只有新的迁入者，是在忘记农业之后才来到都市。新式的出租房转眼间鳞次栉比，人们也失去了种下作物待其成长的闲情逸致。都市与农作完全绝缘，但人们还是暗暗找寻着食物的所在。于是市场在都市内外都施加了巨大的压力，而在空气、日光之外，对乡下的怀念也有着充分的理由吸引人们。

所谓城郊的发展成为日本都市的新的特点，并非只是人口增加带来的现象，也许有人认为这也是一种田园都市。因为原本就并非具有统一性的运动的成果，因此都市的生活方式与市场组织在任何时候都难以放松其束缚。既无法让农村成为都市，更谈不上让都市染上农村风格，二者就仿佛油与水一般难以交融，只是土地所有者的个人经济变得无比繁杂。对于我们的问题在将来的解决，深爱都市但也承认其弱点、接近农村但可以不为其束缚而做出判断的人，他们怀有同情的思考，比什么都更为有益。

三 生活方式的分立

对于多数的农村，我们的理想不能是希望其如同今日城郊自称的"田园都市"那样，招徕兼具一定的资本才能、稳健的常识与对新文化理解力的人共同居住。其理由何在？原本居于深山海边，在秀丽风景中不问世事埋头耕作的人，一旦几处别墅的建成印证了其所在为形胜之地，便从此心神动摇难以安然。其最大的原因又在何处？两个不同的民族在同一平原之上比邻而居时，同样的经验一再重演。未必存在强压或对繁衍的不当妨碍，也并非由于对不合理的生活的模仿而丧失固有的立场，而是在值得引以为悲的和平之中，其中一方悄无声息地退却，严重时甚至委顿而无法重兴。如果同一血脉、统一国家的臣民之间，相信彼此拥有共同文化的人之间，也可能发生同样的事，那么看上去只是一时心血来潮、轻易行之的我们的田园生活，也就需要仔细观察其产生的效果。

今日"文化"一词的使用方式缺乏反省，也极不准确。白色易破的障子纸被称为"文化美浓①纸"，汗毛浓密的劳动者绝对难以穿着的大红"腰卷"②被称为"文化腰卷"，"文化住宅"则用来表示层高较低、柱子较细、省略缘廊、坐在房间的榻榻米上就可以将头探出窗外的寒酸房屋。甚至可以说城里人以被人以"文化"相称而感觉蒙羞。也许这只是极端的例子，但就整体而言，似乎想以"文化"一词统辖那些既非承袭国外的成熟设计，亦非立足于国内长期经验的综

---

① 美浓为地名，今岐阜县的一部分，以出产和纸而闻名。
② 此处的"腰卷"指日本女性传统的内衣。

合，只是力求将少数者的灵光一现作为一种流行而尽快推广于世的东西。换言之，也就是束缚于农村旧习者难以轻易实践的东西，与固有的生活技术相对。妥当与否尚未可知，但至少在我们数千年来的单一民族内部，现在的确有着两种以上未能调和的生活方式并存。

同是农村，也有平地与坡脚、交通沿线与边远之地、水田地区与蚕桑地区之别，生活方式可谓迥异，甚至相互之间男婚女嫁也会受到影响，"城镇风"难以渗透到农村之中也是理所当然的。要实现无意识的统一，当然需要一部分人忍受动摇与混乱，做出牺牲。而新方式的浸润，并非都是从所谓"田园都市"运动开始的。村中相互认识相互理解的交际，原本始于生活与劳动的一致，后来逐渐出现财富及力量上的差别，也会对超越群体规范者施加一定的约束。但现代则相反，希望在村中拥有较高地位与威望，必须本人具备一定的"都市精神"，往往其程度还在居住于都市的乡下人之上，同时还要逐步动员所有的家庭成员。两种趣味、两种生活方式，如今在几乎所有的土地上并存。如果二者间的交涉比外来者的往来更为密切，那么想必会有为别墅、新住宅而深深感动的人，早已不为人知地对村落展开了"和平的侵略"，令旧式的农民感受到无名的不安。

四　民族信仰与政治势力

轻农的风气，不如说始于一种都市式的同情。古今内外的悠久历史中，没有比农民更招人怜悯的了，但他们的下一代并非能因而无须再被怜悯，村人对此最为了解。他们天性乐观，将现状视为理所当然的，并积极投身于辛苦劳作之中。记忆力出众的旁观者也常常会凑近，为他们朗读善政的旧日记录。这也许是最能容易实现民众的归服及其持久信任的途径，但对于他们的自力自为，可以说没有半点激励作用。农村衰颓的感觉，实际上不少源于这样的暗示。我们的教育最为紧要的任务，就是审视这一根本误解，进而培养都市同胞的全新农村观，至少要改变他们凭着迄今为止一成不变的辞令而维持交易、确保供给的企图。

从前，农村雌伏的理由确实远多于今日。显著的例子出现在中央集权干预土地利用的时代。虽然实际的耕作者都居住于农村，但按规定只有手持官符者才能成为"领主"①，于是由京城赴任而来的

---

　　①　"领主"即领地之主。

历任"国司"①，有着控制广大私田的便宜。后来虽然他们也长期留在地方，扣押着"领家"②的利益，但依旧在很长时期内都要向中央寻求名义，请求京都或是镰仓对诉讼的裁决。武家支配了全国的"地头"③之后，专门制定了所谓"不可招月卿云客④为婿"的规定，防止与贵族间的利用与勾结，由此可以看出名声的价值。而作为地方居民，为了提高自家的等级，向周围扩展势力，与近来的"出世婚姻"⑤正相反，给女儿找一个身份高贵的夫婿并入赘家中，似乎是唯一的方法。比起今天，官位有着更大的决定力。即使中央的威令无法到达远方，表彰的权力也依然为朝廷专有，武人无论如何强大，依然是乡下人，与京都没有关联者则皆为"下众"⑥。倾向于割

---

① "国司"是日本古代、中世由中央派遣到作为地方行政单位的"国"的行政官员，分为四等，任期六年。他们在"国衙"办公，管理一"国"的祭祀、行政、司法、军事，拥有极大的权限。
② 日本古代开发的庄园多为私有，缺乏法律依据，为避免被朝廷没收及减轻租税，往往采取层层"寄进"（即让渡）的方式，躲入中央有权势的贵族或寺庙神社的保护伞下。这种情况下实际开发者称为"开发领主"，而接受庄园的中央贵族和寺庙神社，则称为"领家"。
③ "地头"是镰仓幕府以后武家为管理庄园及国衙管辖地域而设置的官职，从地方的"御家人"中选任，以武力行使军事、税收管理等权力，管理土地与人民。
④ "月卿云客"指高级贵族。"月卿"指三位以上的公卿，"云客"即"殿上人"，指有资格上殿的一部分四位、五位的贵族。
⑤ "出世婚姻"指与将来有望出人头地的男性结婚。
⑥ "下众"，此处指身份低微之人。

据的中世社会，本就是仅凭这一点得以统括维持的，因此也别无怨言。但将所有的生活理想都寄托于不在眼前的都城，膝下有着美丽女儿的父母长久做着同一个梦，这样的农村实在是寂寞难耐。

因此，对现世绝望的所谓"来世安处"的教义应运而生，哀叹或是断念的文学作品大行其道。在中古的物语文学中，"长者"（富翁）总是在草木茂盛的农村发家兴旺，而好的东西必定都是顺着海路，由都城而来。作为血族国民的一个重要特点，这里面应该有着远古以来信仰方面的理由，而土地制度、尊卑差等，不如说是其结果。如果不是后来混居于农村的人兴起风尚，将长久以渊源与背景为依托、亲近土地、安稳度日的生活视为一种埋没，京都的文艺也不可能产生如此重大的影响。有能者无法尽用其能，武士只是因其刚强勇猛这一点而为后世所传诵，都应该称之为历史的偶然，绝非"乡村风"的唯一出路。

五　未觉察到自己力量的农村

越前敦贺地区①大地主的女婿，俗称"利仁将军"的乡下武士，将五品官人从京都带到乡下，献上了芋粥②。这一慷慨豪爽的故

---

① 越前敦贺，今福井县敦贺市。
② "芋粥"的故事记录在《今昔物语》《宇治拾遗物语》等古典故事集中，后芥川龙之介（1892—1927）在此基础上创作了小说《芋粥》（1916）。

事，作为"今昔"之物语，早早为世人所知。村落生活很悲惨所以受到怜悯，村落劳动很卑贱所以为人轻视，对于这样的说法，当然从前的情况比今日更有说服力。但即便如此，也与故事中一样，并非事实。虽然农村有不少人悲惨度日、朝不保夕，而都市的一小撮所谓豪门权贵手握经济命脉，令人畏惧臣服，其身边那些欲分一杯羹者的所作所为尤其显眼，此乃世之常情。但根据两端的比重，轻易地做出都鄙优劣的区分，这样的思想应该还有另外的来源。因为即使是都市的新居民，其实也大多对旧态依然的颇为寂寥的田园生活满怀向往。

有形迹表明，各处藩国大大小小的城下町在其近世创建之初，为了尽快树立威望，曾利用传统的农民心理，显耀都府之光彩文华。传说在周防①地区的大内氏因商而富的时代，山口一地的景致风俗都由于京都的贵人常常避乱来投而变得近于京都了。模仿是最为简易的改良方法，即使再进一步变成竞争关系，也常常使用"胜似京都"这样的词句，这与今天分明是日本的风景却要称为"阿尔卑斯"②并无二致。如此这般一面尽力继承首都的名声，一面将自古以来

---

① 周防，今山口县的一部分。

② "日本阿尔卑斯"，英文写作 Japanese Alps，或 Nihon Alps。指日本本州中部的山脉，包括飞驒、木曾和赤石山脉，19 世纪末英国传教士命名。

对领土的支配力以一定的形式保存于城内。地方的自治，首先体现在耕地的利用上，其他如浦滨山野的开发、运输课役的调整等，农村经济的关键都掌握在领主手中。农民处于承蒙恩泽的地位，他们在苦苦挣扎之中憧憬都市，将其视为幸福的源泉，也有着相应的经济理由。

但今天，这些理由都不复存在。土地归属各家，又以町村为单位管理，税金经自己之手得以确定后便固定下来。虽然规模很小，但农民是其事业的主人，除了国家，没有其他人能够役使他们，这是新政治的一个要点。即便如此，今天依然感到外部的压力，原因何在？都市居民的两种农村观，一种是普通人自然而然的想法，而另一种，即农村可怜、需要救助的看法，原本只是少数为政者所有，应该称之为公德的东西。不知何时二者之间的界限变得模糊，意义出现了混淆。这也许意味着，二者中间逐步出现了一个内心更容易动摇、容易受到以上双方影响的阶层，这一阶层逐步成熟，成为市民的中坚，拥有了足够的舆论能力。对于这一过程我们还未能详加追寻，因此都市对农村关系中形形色色的现象如今也还难以解释。比如，农村正以其多数的力量参与国家政治，但面对国家政治却始终只要求经济上的救济，这本就是咄咄怪事。而其要求一直未能得到回应，或者即使有回应也完全没有实际效果，就更加难以理解。而对这一切都市似乎视为理所当然，也是蔚为奇观。

六 "京童"的成长

在都市的构成者中，除了来自农村的武士、"町役人"①、"御用方"②，以及人夫、各类工匠、小贩等，还有不太受到关注的重要组成成分，随着时间发展起来。提到江户的经验，从大约二百年前开始，一种被称为"落首"③的文学逐步兴起，催生了以机智和讽刺批评一切世相的时尚。这些文字或被传诵或被模仿，至今仍留存于各处。其兴盛一时，与其说是出于创造，不如说是因为应用，是有此种兴趣之人无限增加的结果。称为阶级也许不太精确，但作为作者或欣赏者而关涉其中的人群大体固定。他们给人的印象是工作较为清闲的"御家人"④、商家的"乐隐居"⑤等，或是医生、茶人、俳人、棋师之类交游广泛者，都是些颇有文才，也谙熟世事，但并不打算通过学问思索而涵养公心的人。因此，武断地将"落首"视为"民众之声"，认为其讽刺之中隐藏着政治改良的动机，是不符合事

---

① "町役人"指江户时代从町人中选出，在幕府管理下从事城市行政的官员。
② "御用方"指从事幕府公用业务的人。
③ "落首"是一种讽刺时局、嘲笑当政者的匿名诗歌。
④ "御家人"指将军直属的家臣中无谒见将军资格的武士。
⑤ "乐隐居"指将家业传给继承人，自己隐退赋闲的人。

实的。不如说其中存在着一些共同的问题，如其嘲讽的关注对象，尤其是对缺点的指摘，都只是基于肤浅皮相的观察、迎合眼前多数人的意向而已，即使作为史论，也并无太大价值。

更为重要的是，这些意见作为舆论其论证非常薄弱，但却赋予了成为其诱因的偏见以令人悚然的尖刻，这也可以说是都市的一个特色。二十多年前日俄战争时，我在报纸上见到大量谩骂上村舰队①的读者来信，才第一次知道了"落首"文学在日本的都市依然威势不减。但这一威压的力量，绝非是随着江户的成长而生成的，实际上从中世末期开始，京都就渐渐为此而烦忧。所谓"京童(kyowaranbe)爱逞口舌之利"，说的正是这个意思。所谓"warawabe(童)"，是指不承担责任的无名之辈，古老正史中出现的"童谣"也是同样的意思。少年只不过是最后的模仿者，不可能对这种事业有特别的兴趣。只是从局外者的角度看，其中的孩子气并非只在于无甚大过的淘气。

整体而言较为轻浮，思虑浅薄，喜欢搞笑，往往拘泥于形式上的有趣，而忽略了事物的本质，此为其一。容易因群体或是新事物的刺激而兴奋，倾心于此并时时追随，而这种机会很多，于是常常

---

① 上村舰队是日俄战争之初上村彦之丞率领的第二舰队，因浓雾而未能完成攻击俄军舰队的任务，被舆论称作无能、"俄探"。

心理状态异常，观察角度特殊，此为其二。然后是无所事事的闲散时间较多，灵活好动，一刻也停不住，这也造就了他们容易关心他人的问题、将别人的想法当成自己想法的倾向。还有就是他们会想方设法在邻里之外找寻一时的伙伴，并努力磨炼这一技能。总之，都是一般儿童具有的特点，培养好了能成为公共的力量，而往坏处发展就会形成看客根性，而"京童"因为其境遇，这种特点更为突出。与他们正相反，安居村中一生耕作的人，几乎没有培养这种气质的机会。所以生活平静安稳，对上面也少怨言。每逢社会发展碰壁，交流断绝，所谓流言不见于坊间之时，都市的"落首"文学式批评便销声匿迹，农村的淳朴无心则为人们所推崇。文艺作品很长时期都以权助①、田吾作②为主角创作笑话来抚慰都市人的百无聊赖，只是将这些笑话所借鉴参考的经验之外的那些经验略加变形而形成的对农村的想象，如今仍在为某种说辞提供着材料。如果确实存在新的都市之害，那应该就是改革的不够成熟，以及对旧事物不加思考的沿袭。

---

① 权助，虚拟的人物名，身份是仆人。
② 田吾作，虚拟的人物名，身份是乡下人。

七 多言者与寡言者

这一改革并不容易。都市的发展已经无法统一步伐，呈现出错综杂乱的状态，因此村落只需将之全盘接受便迟早会实现全国的一致，是一种错误的想象。如果说文化是唯一的大道，人类必然行走其上，那么落后者的奋起直追便不算是单纯的模仿。然而对于是否真正于己有用都不加思考就开始学样儿，然后承认力有不逮，甘于步人后尘，也常常只是无益的忍耐。农村的短板是否有着两种原因，一种虽然需要一些时间，但可以通过今日教育的普及得到改善，而另一种自始便难以预料，也完全没有必要去预测？现在正是应该好好思考一下的时候了。

大多数都市居民都有都市和农村两处的经验，最适合进行比较。上一节我提到普通市民与普通村民存在评论方法上的差异，而这真像前者认为的那样，是进步快慢的标志吗？为了讨论我国文艺的将来，这也是应当加以审视的问题。例如，语言艺术在都市出现后取得了日新月异的发展，对此可以找出多种原因。如果村落的寡言是建立在就本质而言无须语言这一基础上，那么不但迄今为止其对雄辩的疏远毫不奇怪，而且只要无须多言就能心意相通这一村落交际方式继续下去，也许即使将来也难以产生适合输出的文章。都市中常常有境遇不同者相遇，因此需要巧妙的说明，再点缀些俏皮话。虽然以同伴之间才能明白的方式加以省略，会被称为"圈内话"而遭人厌恶，但这实际上以和歌、"俳谐之连句"①为首，至今在我国的文学之中还有余韵。最近兴起了将之表述得更加平实周到的运动，但比起事无巨细的绵密，还是富于机巧的暧昧令人感觉意味深长，更受人们喜爱。更何况在长期以"多言"为不吉，只是在对方不肯原谅时才会动用语言力量的地方，如果在目光与气氛的直接感应交流中人没有变得口拙，那倒是咄咄怪事。

语言当然是重要的修养，从前能言善辩超乎常人者，会被选作使者或是媒人。但依旧有三个原因阻碍着农村表达能力的提高。其一是形式的固定，这主要是听者抱有甚为狭隘的期待之故，随着社交范围变得广泛，当然会不再受其限制。与之相比第二个原因更为内在，也难以判断何时能够获得自由。都市的刺激带来持续的紧张，人们也容易获得这样的机会，而与之相反，村中除了祭礼或各家的红白之事、

---

① "俳谐之连句"即"俳谐连歌"，明治时代，俳谐的发句独立出来被称为"俳句"，此后为与"俳谐"或"连歌"相区别，一般被称为"连句"，尤其指江户时期的作品。两人以上轮流进行，按5·7·5和7·7的顺序吟诗，需要按照事前的整体规定对上句有所承接或呼应。

一年数次的大规模劳动日，都尽量避免生活中的兴奋，以凸显和加深"正式场合"的意义。因为感情的起伏极为舒缓，而且几乎全村一致，所以如果恰好遇到其沉静期，一两个人的激动昂扬不但没有任何效果，还可能引起混乱，令人不快。朴素的歌谣，古式的辞令，能够被不厌其烦地一再重复，也是因为设置了这样的间隔而令人印象一新，于是很少需要再去发明或是采用其他。且不论一般而言都市人在交涉中对这种精神上的休止状态容易心烦不满，即使是村民自己其实也常常感觉不便。

酒的第一阶段的滥用，正是由此促发的。所谓"无酒不成事"或是"咱们边喝边聊"，就是因为承认了社交中需要人为的兴奋。但村人又不像城里人那样能够灵巧和轻松地利用酒席，结果便是酒醉后的教训变得更加惨痛。村中夹杂着少数都市式的辩者，常被视为意外的动乱，也正是因此。但既然无法一味等待风气发生改变，而相互之间又并不注意承认这一特质，于是能说会道者自然胜出一筹，对都市风的模仿也日渐兴盛。

八　传统的劳动观念

第三个弱点与劳动的性质相关。在村里劳作的人，气力充盈于内，专心致志取得成果，这一点与任何技术者相比也不遑多让。但由于从很早开始就只将生存寄托于固定的一种方式之上，所以对自己的境遇显得自我意识不足。给人的感觉仿佛是一个没有镜子的人只能倾听别人评价自己的姿容。要想消除这种不安，唯有依靠学术，但长期以来我们的教育过于消极。从父母处能学到的只有他们曾经学到的那些，遵循本分也就意味着甘于现状。好好认识这个社会这一训诫偏偏落不到身上，而比较也只在极为狭隘的范围内进行。而对于被压抑的求知欲，学校的教育可以说是略嫌偏激的自由。甚至有人认为一切都是新奇的，因为新奇所以都有价值。很长一段时间，歪理都变成有理，只要是汉语、洋文就值得信赖，于是生活方式与村落最不和谐的人反而获得了成功。仿佛是匆匆打开了入口，反而因为见到了光，更感觉屋里一片黑暗了。

但是，也有不少事情，如果没有这样的自由，便绝对难以觉察，因而我们也获得了省察的机会。村的新烦恼在全国都一样，而摆脱这种烦恼的努力则各地不同，这是我们应该好好研究的一个问题。其中蕴藏着众多值得兴奋的希望，但一味模仿、人云亦云也无法令人安心。对于我们，一个令人愉悦的发现是，关于劳动的甚为传统的思考方式还留存于村中。如今去论说这些也许近似于感叹了，但不是视劳动为生存手段，而是认为生存即劳动，劳动才是生存的真正价值所在，这种人唯在农村特别常见，这是与都市最为显著的差别。正是因此，为何如此努力依然生活艰苦这一困惑，近来尤其在农村地区具有切肤之痛。但是话说回来，若完全没有工作压力的逼迫，也无法如此将生存与劳动连为一体。从外表看，祭礼与舞蹈同样要劳心费神，同样会疲倦流汗。去山野采集，根据情况，有时是游玩，有时则是劳动。而近来的都市式的人物，却一定要在其间划上明确的界线。插秧很辛苦，所以被视为劳动。但说到辛苦，每天活下去本身就很辛苦。即使是并不长的八小时工作时间，如果是受人驱遣，也一定倍觉痛苦。只有农民，迄今还没有经历过这些。

所谓"游民问题"①，有必要以此为参考，重新思考。进入都市之前，人们还不知道懒惰也是一种生活方式。从前，只要居于村中，即使是主君、贵人也得干活。后来他们只用骑马放鹰、饮酒打仗，令人生起羡慕之情、隔膜之感，但只要还是穿麻衣、食粟饭，生活方面上下基本一致的时代，讨厌偷懒如同厌恶怯懦一样的时代，就无法将其视为农村生活的显著例外。都市兴起之后，服饰之优劣、食物之精粗，其差别日益显著，劳动的得失也成为人们思考的问题。民间故事"隔壁的寝太郎"的广泛传播，也大致是在这个时

---

① 日文中的"游民"指游手好闲无正式职业的人。

候。寝太郎年轻时每天只是贪睡，但因为时运和机智，最后成为有钱人家的快婿。思虑、观望以及行事的巧妙，能够胜过五十年的辛苦，正是都市人使之不再只是一个梦想。对一百倍两百倍的失败概率完全不加考虑，只为一个人的成功而欢呼，也正是"京童"特有的技能。这就催生了种种毫无意义的尝试，时而成为老谋深算者的机会，将战斗或渡海的冒险引至都市，同时也让所谓"坐收其成"的价值得到肯定。距今三百年前，商业还只是一个倚仗搬运之劳较多的业务。等到通晓了控制市场的技术，则不但可以坐而集百货之富，以闲居之智虑驱遣他人专心生产，即使想要将以自己为中心的社会经营作为学问推行于世，也并不困难。在今日以市场为本位的经济学面前，农民是单纯的弱者。要求他们仔细聆听教诲，同时又不生出自叹愚钝之心，根本不现实。

九 女性的农业兴趣

农村被赋予的新的自由，很不幸，并未伴随着能够充分利用这一自由的广阔舞台。只是拿出区区一个样本，就要求大家从速选择，如此的教育大行其道。在农村居民感觉不满之前，学校的效果并不充分有时甚至应该视为好事。可以举出的一个例子是村中女性的心意变化，因为农村一直都是沉默寡言，兴奋昂扬的机会较少，所以长久以来未能引起我们的注意。最近因为年轻女孩们相互邀约离村而去，于是人们开始担心其后果，但难以平心静气待在农村的情况并不是最近才开始出现的。因此，其影响也并非如人们想象的那样，只是会带来结婚上的困难。

在来到都市生活的人当中，女性总是最后的追随者。没有房子就无处安身，因此初期的迁入者中一定是男性居多。而女性对于都市生活的束缚，不仅感到不安，甚至会觉得反感。虽说她们也渐渐开始来到都市服务他人，但越是传统的人，越是希望早些回家，努力守护自己固有的生活方式。如果说农村为文化的新潮流所影响，为其自由感到意外和惊讶，那么居民中最为不谙世事者留下的印象最深，也是理所当然。

难以从外国的书籍中了解到的一件事，是妇女以其性格和天生的兴趣，深深地嵌入日本的农业之中了。任何民族，农作原本有着种种托付于女性的理由，但即使不去在意这种学问上的观察，米柜衣柜这样身边的衣食所在，主妇管理其钥匙也是司空见惯的。尽量不让女性服劳役与她们为了男性操心费神，即使在新的立法中也是分别对待的。而在农业上，正如我们后面会提到的，工作分配甚为麻烦，有时不但女性，就连老人、小孩也必须配合，才能让重要的男性劳动取得最佳的效果。在这种带有人情味的共同劳动中，所谓"家刀自"①的灵活应对与饱满热情，以及熟知内情之上的建议，其重要性自不必说，而女儿、媳妇的助力也正是为此而做的实习。如今的农业教育正因为轻视了如此重要的女性的力量，才会越是推进，农村越是变得寂寥。

很少有别的国家能像日本这样在指导个人的生产技术上花费心力，但其说明充斥着若有其事的新词之后，这些谦虚的参谋长们却开始畏缩不前了。因为农业方式悄悄发生了变化，男性成为都市风的聪明的劳动者的同时，女性也将剩余的精力投入学习都市家庭应当掌握的东西中去了。小农的生计中十分重要的协调补充的事务，于是变得无人打理。此外，因为女性要保留一些精力用于服装材料的纺织、食物的保存储藏等，所以其他的任务也多加在男性身上。即使这些有幸未曾导致家庭贫穷，女性想要学习新的东西时，能够给予她们的工作也十分有限，尽管她们并不是寝太郎那样懒惰的"游民"。其结果便是，慢慢地她们不仅是兴趣，就连气质也变得不再适合农村，身在家中却心念远方，进而变得一旦离开便再也难以归乡了。

---

① "家刀自"是日本主妇的古称之一。

一〇　村落特殊的三种经验

农村的动摇当然有其远因。只不过加剧其恶化的条件，在近代迅速并且露骨地显现出来了而已。但是我认为，在进入这样的社会之时，如果能设法让以农为生的人觉察到自己所拥有的力量，那么事情就不会以这样的方式发展至今了。这也正是我对我们的革新充满希望的理由。

在三种宝贵的经验方面，不如说乡下人有着教授城里人的资格。第一是化勤劳为快乐的技术，也可以称之为丰饶的欢喜。在都市，只有一小部分从事艺术或是学问文章之人能够在个人层面感受到这一喜悦，而在农村，则是普通人在一生之中能无数次地感受到这种幸福。只是与税金斗争的农民努力将其压抑、隐藏起来，而无责任的田园文学则对之多了几分夸大，于是村内渐渐没有了愿意对之加以思考的人。第二是对凭着深思熟虑后的消费改善，有着无数条道路可以保持安定生活的了解。从反面的情况看，被视为保守固陋的农村生活，在长久的岁月之中，有着无数的取舍选择，也经常因为其选择的失败而烦恼。近来，其变化尤其剧烈，而且因为凡事都仰仗中央的指导，所以完全没有思考选择是否妥当的余地。但是，更新的东西未必是更好的东西，事后我们才发现棉纺毛织会增加感冒，食物的热度会让牙齿变弱，大米的精制会带来脚气的流行。一直以来，我国的农民以耐心观察为实验，然后据此调节土地的生产。只有他们，在针对奢侈浪费的批评之外，能够注意到人们往往会将愚蠢的选择误认为生活的改良。如今，他们已经怠慢其责任了。

第三，也是特别重要的一点，是将土地等自然的恩泽与人的幸福相联系的方法。社会变得复杂，滥用和阻碍便开始出现，我们的制度之拙劣令人羞愧。但即便我们并非狭隘的岛国，除了农业，人们也依然没有让物质变得更加丰富的手段，而除了农村人，也再没有人能专门执掌这一方面了。无论交易如何精巧，也无法消费比生产量更多的物质，这一点无论是家是村是国还是世界，都没有不同。虽然这一限度约束着个人，也约束着昔日的乡党，但随着团体规模的扩大，也许并非如此，或是也许如此但仍旧希望多取少予的念头变得日益强烈。如果贫困是消费总量超过了生产总量这一状态的别名，那么只要对个人的欲望放任自由，就总会在本人不知情的情况下，让某个角落的某个别人陷入困境。为了让这些人甘于困境，种种法令或是道德应运而生，而察觉其不合理、不愿继续忍受下去的人也与日俱增。如果要谈分配的公平，首先得承认对社会整体消费加以管理的必要性。虽说在所谓自给经济上有着长期经验的农村人，比任何人都适合来制定这样的方案，但在消费方面，他们却又在模仿新的不可能的事情。

这种新的乡村风，比很久以前曾遭受嘲笑的那种更坏。虽说穷困则求解脱之策，从某种意义而言，正因为今日生活艰辛，所以才特别羡慕别人，但非常明确的是，都市人不假思虑的浪费正是造成他们生活困顿的直接原因，而积极去模仿这一点，在任何意义上都无法成为抵抗。按如今的状况，即使农村人能幸运地摆脱贫困，或是其劳动条件能够得到显著改善，争斗与不平等也仍将继续，难以摆脱将要成为都市人手下败将的心理阴影。农村人采用与都市同样的生活方式甚为不便，如果这就是衰颓，那么农村自身并没有摆脱衰颓的方法，不如说是理所当然。

第五章　农民离村的历史

一　以都市为"世间"的人们

无论如何都无法否定农村力量的一个证据，是每当都市举办祭礼等大型活动时，一半以上的热闹都是村人前来创造出来的。听说花开了，就算是住在山里，也会前去观赏。以前，城市里不少人将他们称为"红毛毯"①，依赖他们维持生计。村里虽然很多人一辈子也未必能有一次这样的旅行，但各个阶层都有人为了缓解所谓"没见过世面"的不安，即使超出能力也要攒钱去一次首都，把这看成

---

① "红毛毯"是明治时期城市人对来城市观光的农村人的称呼，因其常常身披红毛毯而得名。

与参拜伊势神社或善光寺①同等重要。这也是极为古老的淳朴谨慎的村落的修养。质朴的人们极端地将这种人潮涌动的场所称为"世间",积极主动地想去获得相关的知识,所以也并非只是都市的繁华吸引了他们。阻挠农村与都市的接近,限制其往来,以为这样便可以避免模仿与渗透,是大错特错的。

都市从其最初就是为了便于全体国民利用的存在。城下町超乎城主的预期,规模迅速增大,也是理所当然的。"利用"一词当然不适用于都城,但其目的之一是指导与培训,有一些东西是若非上京便难以学到的。集中一切力量支持都市的发展,西洋有着这样的思路,但至少一直是顺应后代的需要将村落建设为都市的我们,直到最近,也并没有这样的想法。同样,也没有把都市当成安置富余者的场所。人手过剩是新的事实,时至今日也还有人不愿承认,但人们早就在向着都市而去。只不过那时大家都有各自的家,办完事就会尽早返回。

①　对于江户民众而言,三重县的伊势神社或长野县的善光寺都是一生要去参拜一次的信仰圣地。

参勤交替①，在将人质变为"留守居"②这一点上确实是新制度，但其他都只是遵循从前的惯例而已。江户的幕臣，在三百年间，其"先祖书"③上写着的还是"本籍三河"④。很多人常被问起家乡何处，但他们却生活在都市之中。只是滞留的时间越来越长，后来不再能方便地归乡，随着这样的人渐次增多，都市风也便自然而然地出现了。从都市自身的立场来看，这种偶然的独立是否真是安全稳定的道路，是否确为发挥所谓中央集权真正效果的方式，要凭借今后的实验才能确认，总之在今天还是尚未得到解决的状态。田园都市也好，都市田园也好，比起这些，更需要首先思考的是什么人居住于此，有着怎样气质的人将成为主流，其理由也在于此。

---

　　①　参勤交替是江户幕府的制度，1635 年明文规定各地藩主需要在江户建设府邸、安顿家眷，也有人质的含义，而藩主自己必须在江户和领地间交替居住，一般是各一年，关东地区的大名为半年交替，而远地如对马，因与朝鲜半岛对峙，规定三年交替。也写作"参勤交代""参觐交替"等。
　　②　"留守居"是各藩的职名，常驻江户，负责幕府与领地间的公务往来以及与其他各藩的联络。
　　③　"先祖书"也称为"由绪书"，是江户时代武士记录其直系先祖姓名、经历的文件，任官或是背景审查时需提交。近世武家社会对身世、家庭的重视胜于个人能力，先祖书便是其象征。
　　④　三河，今静冈县的一部分。

二 商人的起源

构成都市的居民之中，也有一小部分自古便不是农民。除了僧道巫术之徒，不难想象那些以旅行为日常，带着不多的物品，奔走于村落之间，赶集串市，以交易获利的人，会率先来到新成立的都市，寻求安身之计。在都市还为数不多的时代，这些漂泊者的境遇甚为艰难，频繁更换职业的风气便是由他们而起，而农民对此十分不屑。"鞘（saya）"①或是"才取（saitori）"②等词的语源 suai③，以及后来与"番头（banto）"混淆的 banzo④ 等，都带有一些不好的意思。《庆长见闻集》⑤中说当时在江户，吴服⑥是由高野圣⑦坐在十字路口出售的。正经的商人，都是出自农村，之后才学习经商的，这一

---

① saya 是价格差的意思。

② saitori 从 suai tori 变化而来，指作为交易中介收取费用的行为或职业。

③ suai 指交易的中介人或中介费。

④ banzo 指牛马买卖的中介人。

⑤ 《庆长见闻集》是江户时代初期三浦茂正以"假名草子"形式撰写的随笔，别名《江户物语》，共 10 卷 10 册，130 余篇，记录了当时江户的风俗及状况。

⑥ 吴服是和服的古称。

⑦ 高野圣指日本中世时以高野山为根据地的游行僧侣，从高野山去往各地，通过劝化、唱导、纳骨等方式募捐。教义比起真言宗更近于净土教，以念佛为中心。在江户时代因为幕府推进的檀家制度而衰落。

点用不着一家一家去翻看其系谱图，只用去瞧瞧其门帘上的屋号①，就能明白。其中，山区等离都市较远的地方，反而自古就有出外接受磨炼的需要。甲州②富士山北麓的九一色乡，虽然位于交通极为不便的谷底，但因为积雪多耕地少，全年难有收入，其乡人自古以来就获得人马通行的许可证，遍访各地，经商为生。最初主要经营木材、手工艺品，之后逐步选择其他重量较轻的货物，扩大了交易的种类。九州有名的肥后五个庄，出了很多卖药材的。越中自中古以来，各种旅行者层出不穷，其中卖药的行商应该与灵峰立山③的信仰颇有关联。芳野④、胆吹⑤山麓的卖药人，便是其例。近江⑥地区除此之外，还有自古以来的行商。近世的近江商人来自湖岸附近的平地，但在日野椀⑦、日野折敷⑧闻名天下的时代出外

① 屋号是因一门、一家的特点而命名的称号，符号化、纹章化后形成"家纹"。由屋号派生的企业或商店的名称，也被称为屋号。
② 甲州，甲斐的雅称，今山梨县。
③ 立山是日本飞骅山脉北部立山群峰的主峰，自古山岳信仰浓厚，与富士山、白山合称"三灵山"。
④ "芳野"为《万叶集》中的写法，现写作"吉野山"，是奈良县中部吉野川向南连接大峰的山脉，自古为赏花的名所。
⑤ "胆吹"为《古事记》《日本书纪》中的写法，现写为"伊吹山"，跨滋贺、岐阜两县，为滋贺第一高山。
⑥ 近江，今滋贺县。
⑦ 椀，即木碗。
⑧ 折敷，即木制方形低缘的食盆。

经商的，是小椋村的"木地屋"①。在京城附近，即使是山中，人口也密集。出外兜售山茶木勺子之类的产品补贴一年生计的人如果都回来，无论如何也住不下，于是他们只能凭借着用木旋工具在旅途中的村子加工器物而暂住下来。伊势商人应该最初也是出售山货的吧？那里也有不少制作木勺子，并以惟乔亲王②为其师祖的人。他们在如此短的时期里便进化为今日这样的绅商，似乎令人难以置信，但就算是三井家的祖先，也是出自近江的朽木谷的。在中央山脉的两侧，如今火车万能的时代之前，有着被称为 bokka③ 的运送山货的身体强健的挑夫。虽然翻山越岭的交易有利可图，但各村市场的需求还不足其一次的运送量，无法囤积起来等待合适的价格。对于这些人来说，都市是一个机会。

这种交易的一方一定是农产品，这从表示经商的日语 akinai④ 就可以推测出来。如果是在插秧前后暂时出借物品，等到秋天以其收

---

① "木地屋"也称木地师，指利用木旋工艺制作木制生活器具的木工。
② 惟乔亲王（844—897），日本平安时代前期的皇族，文德天皇的第一皇子。传说隐居于近江国蛭谷的惟乔亲王传授给当地居民木工技术，是木地师的起源，因此他被全国的木地师尊为行业之祖。
③ bokka，汉字写作"步荷"，即山中的挑夫。
④ 一般认为商业的日语 akinai 是从 akinau 这个动词而来，意思是秋天（aki）进行。

成回收货款，那么从前的商人一年中要两次拜访村庄。都市中出现中心市场后，依然需要往返两地的人力。如果有人以为农民一直封闭在无知的高墙之内，天真地避免了模仿与羡慕的不幸，实为大错。要想了解"世间"，他们从不缺少方法，缺少的只是去了解的愿望。

三　工匠集中于都市的倾向

工匠有着经济上的理由，尤其欢迎都市的兴盛，他们率先到来，并成为永住的居民。但其发祥地依旧是农村。也许因为技术方面外国的影响较大，而一般都市被视为其窗口，因此人们也有一种感觉，认为工匠本就是出现在都市，而其中建筑方面因为受寺院的照顾较多，所以很早就出现了以圣德太子①为祖师的情况。但实际上工匠的出现更为久远，这从比京都的那些建筑更为古老的上古样式今天还存于各地就能知道。准确地说，他们是山地树神的氏子②，曾经被称为飞驒工匠、伊那工匠③，这些村落如今也常常是

---

①　圣德太子(574—622)，日本飞鸟时期的政治家、思想家，派遣遣隋使，积极引进中国的文化、制度，大力弘扬佛教，修建了很多寺庙。

②　日本某一地区的氏族祖先神或地方保护神称为氏神，其范围内的居民称为氏子。

③　飞驒、伊那都是山地。

一流木匠辈出。上一节中提到的甲州的九一色乡，准确来说其名字应该是"工一色"①，是被准许以木工的劳作替代年贡的地方。关东地区铺设房顶的有名工匠，居住于筑波山坡地的村落，一到冬季便会前往下总及上总地区②干活。但多摩川流域各村的茅草屋顶，却是直到近年，还是由成群结队来自会津③乡下的工匠们铺设的。修筑石垣的石匠，有"穴太役"④之名，本来也是来自江州⑤的湖西，后来分住于邻近藩国，专业也变得更加精细。想来他们主要是在石材运出较为容易的地方安定下来，但武藏西部⑥靠近山地居住的那些，似乎并不一定如此。

　　这些工匠，在藩国大兴土木之时，应邀由各方赶来，往往长年居住在临时住宅，这一点与军伍生活十分相似。江户城的大扩张和诸侯家的搬迁等，是此类机会中规模最大的，即使他们并无此意，也常常足以耗其半生。从前火灾频发，都市往往一朝变为灰烬，这

---

①　"九"和"工"日语中都念作"ku"。
②　上总、下总，合称总州，今千叶县与茨城县的一部分。
③　会津，今福岛县西部。
④　"穴太役"也称"穴太众"，是活跃于日本安土桃山时代的石匠集团，主要修筑寺院和城堡的石垣。"穴太"是地名，在今滋贺县大津市。
⑤　江州，近江的雅称，今滋贺县。
⑥　武藏西部，今埼玉县的一部分。

是将工匠长期留在都市的理由。后来人手过多，苦于和平状态下的失业，甚至将灾害也视为景气的契机而颇为欢迎。

其中的木匠、泥瓦匠等，还能居住于农村。在五百户或一千户的平原，工作络绎不绝，近邻相互协助结成小规模的施工团队也并非难事。于是，直到最近，地方的建筑也还各有特色，可以借此辨别出其技术的流派。与之相比，较新的工艺难以凭一地的需求养活专门的工匠，所以也与行商一样，不得不辗转各地，艰苦旅行。染色师在民间染料还盛行的时代前来，以其秘方与华丽的效果，在极短时期内令农村的喜好为之一变，开辟出一块新天地，这与今天的零售业如出一辙。"制桶师"驱逐"桧物师"①的情况有所不同，但在都市兴起、造酒变得大规模化之前，制桶一直难以成为一个独立的工种。处境更为困难的是铸铁师。他们的工作需要一定人数的合作，但因为需求有限，所以难以在一处安定下来。其漂泊流浪的生活足迹，如今也显著地留在关东等地。一旦听说某藩国建设了城下町，他们便会兼程而来，其急切程度远超我们的想象。团结带来的好处显而易见，工匠们逐步能够自由地与衣食材料的供给者开展交

---

① "桧物师"即前文的"曲物师"。"制桶师"是使用箍圈将木条勒住而制桶的工匠。

易，同时，在原料及产品的处理方法上，与商人的合作也成了新的需要。

四　武士离村的影响

与这些例子相比，武家的迁徙一般本人并不情愿，大多是外在压力下的结果。然而在最终让农村变得寂寥、都市变得优雅华美上，其作用远超商人与工匠的离村，而且迄今的大规模人口变动的开端，也正在于此。当然，之前也有"番役"①，以及一年数次的拜礼之日，和平时期其往来也颇频繁。但在其家眷还生活在村里、自己也从事农业劳动的监督之时，武士既有地主的威望，又能享受山野的自由，而农民也能得到理解，使役的次数较少，并且可以朝夕身处邻人之间，比较愉快地从事劳动。等到武士全都被强制居住于城主周围后，城下町兴盛起来，而武士的风气却衰弱下去。不到几代人的时间，他们的生活方式便发生变化，"知行地"②只被视为交纳"年贡米"的百姓的居所，在很多藩国，甚至其计算也交给住在城

---

① "番役"指轮班的工作。
② "知行地"即封地。

里的"勘定方"①，这样就与领"扶持米"②没有区别了。被分配到这样的主人家里做工而离村的村民，实在悲惨。如果藩国面积大，来回路费也会十分惊人，如果是被叫到江户，情况就更糟。

无论多么古老的惯例，也有须得改变的时候。如果希望在劳务的负担上实现公平，那就只能像屡屡在各藩的法规上能够见到的那样，规定对于"百姓"一名，一个月需有一人到"地头"家服役③。但如果是这样，时间便全花在了路上，不可能适应陌生的都市生活。于是由村里商量，尽量选出一名机灵的代替其他人连续服务半年到一年的情况渐渐增多。其中也有人被叫到江户，不得不在预料之外体验都市生活，从而渐渐远离农业。江户时代初期各藩宅邸中有很多这样由各地前来从事杂役的人。或是大名带着管辖地的贫困农民到都市从事土木工程的劳动。作为"年季奉公"的"仲间""小者"，以前也尽量从管辖地的子弟中雇用那些希望安顿下来的人，但其人数较多，旅费等花销巨大，而另一方面，所谓"町奴"之类自由选取其主的人渐渐增加，越来越多的人觉得特地从遥远的管辖地召集劳力在经济上不划算，更

---

① "勘定方"指幕府或各藩的会计、财政负责人。

② "年贡米"实质是地租，而"扶持米"是俸禄，本来是有区别的。

③ 村里只有自己拥有屋宅、田地的人才具有"百姓"资格，村里的劳役量以"百姓"的人数为计算标准。

愿意把负担换算为现金，在需要时雇人。于是进入江户时代后，下人、劳力的供给方法为之一变。有名的幡随院长兵卫①的人员派遣业，便是在这种情况下开始的，而都市的劳动力管理输给自然的倾向，不得不一再品尝失业的苦涩这一弱点，也即将显露。

五 "长屋"居住的历史

现在的大都市，渐渐向郊外溢出，比起人口的增加，常常占据比例更大的土地，其原因主要在于移居方式的变化。怀着永住愿望来到都市的人，原本就为数极少。一般而言，城下町与村落一样，也是有了住房才能够安心长住。而这在作为最大地主的诸侯家，却难以实现。虽然江户的武家宅邸土地算得上充裕，但对于大名而言依旧难以感觉宽广，而且还有众多的随从，几乎是以难以呼吸的拥挤程度，密密麻麻地居住在周围。在这一点上，无其他地方可去的"旗本""御家人"②也是一样，主人还勉强有些安

---

① 幡随院长兵卫，原名塚本伊太郎，江户时代前期的町人，"町奴"之首，被视为日本侠客之祖。

② 德川家直属的俸禄不满 1 万石的家臣中，有谒见将军资格者称为"旗本"，无此资格者称为"御家人"。

居的余地，但其随从都无一例外只能居住在开着一扇小窗、既无庭院也无玄关的"长屋"①之中。但都市生活的憋屈，至少也已经有五六百年的历史了，可以说是这一阶级的常识，因此也没有人特地因此发泄不满。京都定下"长番"②的制度后，诸藩国的武家带领随从前来，在各处建起了临时住宅。临时住宅与张着幕布、燃着篝火的军旅露营生活一样，除了能挡风遮雨、勉强果腹，完全算不得是有家的生活。因为想着只是一两年的暂时状况，所以还能忍受其不便罢了。到了江户时代，越来越多的武士也许是出于境遇的需要，在不知不觉中适应了这种忍耐，后来对其稍加改良，便开始在这小家之中结婚、交际，不再去羡慕从前的自由了。这就是不久之前还残留于东京的所谓"长屋"居住的历史。

"町屋"③的情况也大致相同。在建筑物出入间隙的后院空地上，建起十户二十户的"割长屋"④，让市民的一半以上居住于这样的地方，也是因为本来就没有指望相应数量的完整家庭能从这里发

---

① "长屋"即单层联排住宅，各户有单独的房门。
② "长番"制即长期担任警卫的制度。
③ "町屋"指城下町中细长状的商家。
④ "割长屋"也称"栋割长屋"，指的是从屋梁下再设墙壁将原来的房间再一分为二的长屋。

展起来。事实上，早期的居住者，无论是工匠还是浪人①，大都与农村的联系已极少，或是孑然一身，不停变换着暂居之地。他们能摇身一变成为有家之人，娶妻生子，在后院的陋室中终老一生，是因为有了新的力量的保护。不难想象其中会有一些群体兴起，特别肯定都市的长处，希望借助伙伴的力量，伸展自己的羽翼。虽然侠义信义等新道德、义父义子之类盲目的道义心理作为连接他们的手段十分有效，但他们依旧没有足够的力量限制古已有之的打工农民，垄断都市的劳动市场，更从未设想过要将租房生活的根本弱点一扫而光，从此安心居住，把都市当作第二故乡。与之相比，今天的来住者更为自由，也有着独立的动机，毫不顾忌过去的束缚。他们认为既然人可以移动，那么家当然也可以移动，所以只要地位及财力允许，便一心想着购买土地，打造自己心目中理想的家。于是残留不多的都市的统一力量不复存在，而能够取而代之的东西又还未能被创造出来。根据思考角度的不同，今日的都市生活，既是充满希望的，也是杂乱至极的。

---

① 浪人指脱离藩籍居无定所的武士，也称浪士。

六　"冬季奉公人"①的缘起

天明时代②江户伴随歉收而出现的打砸抢骚动，是个迟到的发现。在此之前大家就知道，都市人口过多会妨碍非常时期紧急事件的应对。但长久以来劳动力的供给都只是交付于民间的自然，几乎没有任何可以调节的办法。作为政府，理想的状态是平时市内人手略有不足，而在需要的时候，能够提前从农村调集。然而各种事件络绎不绝，发生时间也不定，而且总是有人希望一旦有大规模需要就能马上建立起应对的制度并维持下去。每次大型火灾都会让建筑工匠的人数有所增加，于是火灾减少时就会感觉不景气，这样的例子比比皆是，甚至进一步出现了去农村打零工的现象。都市虽然在食物运输的方法上有着密切的关注，但对于生活本身的保障其实早已经断念了。

自古以来的劳动力供给，如同一条水脉绵延至今，近年水流渐缓，甚至趋向停滞，这样的势头一年比一年显著。人的移住绝非新

---

① "冬季奉公人"指新潟县等日本海沿岸豪雪地带的农民冬季外出打工的情况。

② 天明时代，1781—1789 年。

的现象，但家的移住则是进入近世以后快速发展起来的。思考其原因当然也饶有兴味，但对于我们来说更为重要的问题是，今后会向何处去，或是怎样变化才好。无论如何，希望仅凭一纸训谕就能制止，那只是痴心妄想。

所谓"冬季奉公人"的起源，我认为当然比诸多城下町的成立还要古老。身处雪国，因冰雪掩盖而失去劳动机会的现象自古有之，昔日还要胜过如今。指望凭着三四个月的存粮，就能在炉火旁悠然自得地生活，仅从技术上而言就完全不可能。只吃几口粗糙的食物，如冬眠般蛰居的例子也并非全无，但年轻人与其这样勉强过活，还不如出外寻求活路。这是非常浅显的移住动机，完全不是出于社会上的事业或是机会之类对他们的引诱，而只是因为日本是一个到了冬季便会出现周期性工作不足而劳动力变得便宜的国度。

有的地方将这类人员流动称为"集谷"，以节省冬季的存谷为目的，将派不上用场的小孩和老人遣出村外。但既然外出做工，当然最好是收入丰厚，或是将那些即使不再回村也行的人派往看上去生活能够有保障的地方，这是最自然不过的事情。所以山村发展起了各种手工艺。以伐木、制木材、烧炭、种蘑菇为首，还有制桶师、竹篾编织师、"指物师"①、木匠等。这些人正如前面所说，较早与农业断绝了关系，其理由之一是很难仅在冬季务工。与之相反，造酒业的"百日男"②，很多即使与山没有直接联系，也至少是来自山国，春暖则回乡，继续耕作山里的旱地。都市即使在冬季也总是有工作的。也许更应该说都市因为他们在冬季的出力而大受其益。

七 "越后传吉式"移民

虽然周围平原并不下雪的地方也有很多"年季奉公人"来到江户，但最不需要技巧的体力活都得依靠每年从信州③、北国的农村结队前来的勤劳的冬季打工者。所谓"江户雀"④称他们为"椋鸟"，虽然颇为失礼，但在季节变换之际成群结队飞越山丘，再三三两两分散到暖和的土地生活，这样的习性，二者也真是出乎意料的一致。在大都市常常讥笑别人的人群中工作，是否是他们最能心安的选择，虽然十分可疑，但都市中确实有无数的杂役等待着他

---

① "指物师"是将木板组合成家居、器具的工匠。
② "百日男"指冬季前往酒藏（造酒厂），在"杜氏"领导下从事造酒工作的劳动力，因其劳动期间而得名。
③ 信州，信浓的雅称，今长野县。
④ "江户雀"指精通江户的各种事情，以此四处显耀的人。

们。将较晚运至的稻谷分为小份，储藏于各处仓库之中，是一份工作。将稻谷精制为米、捣制成"饼"①留待春天，也是一份工作。运送薪炭当然是极重的体力活，而将柴劈好后堆放于各家灶边、冬季大规模的打水运送等工作，也都是身体羸弱者想都不敢想的重活。至于澡堂的奉公人从"椋鸟"之中辈出，除此之外还有若干别的理由。

当然，如果去近旁的村庄找寻，也能找来无数人前来务工，但这些工作特地等待着北国的短期移民，自有其理由。不用说，这是因为条件对雇主更为有利。因为这些人家中都有着不得不外出打工的理由，所以要求很少。即使一年的工作之中有一半是时期不必固定的，但若不是工钱便宜，也不可能去指望入冬前来开春即走的人。其中特别实诚而且用着顺手的人，以后便不再依靠中介者的介绍，每年都到同一处工作，于是便产生了"得意场"②的关系。再进一步，出现了主人增加薪金将其挽留，在同一家工作五年七年后，身揣多年积蓄，志得意满地回到村里的人。我将这类人称为"越后

---

① "饼"即糯米蒸熟捣成的糍粑。关于"饼"，请参照本文集第一辑中的《食物与心脏》。
② "得意场"即经常有生意来往的对方。这里是老雇主的意思。

传吉①式"移民。

传说中，传吉为了重兴家运来到江户，历尽了千辛万苦。但并非只有他一个人打破了冬季奉公的古型，实际上同类的例子数不胜数。他们对都市更为熟悉是原因之一，但更为根本的原因，是其故乡的村落有着比忍受缺少一人更为难熬的生活上的需要，或是有更多的人认为他们赚了大钱衣锦还乡，比年年回乡祭拜田神、盆佛②更好。村里所需的劳动力其实总是可以应付的，这从现在同样地方众多年轻人成群前往北海道从事夏季零工这一现象就能看出来。

越后的传吉在返回故乡的途中，因为他人的好心而得救，后来二人结为夫妻，过上了幸福的生活，这一点是最为文学的。除了这一小部分，我认为故事表现的就是某个时代真实存在的传吉们的普遍经历。在武州③、上州④连接北国的道路沿线，近世定居下来的

---

① "越后传吉"是津村淙庵《谭海》中的故事，也成为讲谈、歌舞伎的素材。大意是越后国（今新潟县）的传吉遵从父亲遗嘱照顾姨母阿早，与其女阿梅结婚。后因家道中落赴江户打工，在吉原的三浦屋千辛万苦积攒了100两银子踏上归乡之路，但被盗贼盯上，到了野尻这个地方，近江屋的女仆阿仙出于善意答应暂时替他保管，以木梳为信物。传吉回到家中，但阿早母女早与庄次父子私通，将在猿岛河原杀害信使的罪名栽赃于他，并骗走了他存在阿仙那里的钱。阿仙历经万苦，向大冈忠相告发，查清了事实，传吉洗清了不白之冤，与阿仙结为夫妻。

② 盆佛指盂兰盆节时拜祭的先祖。

③ 武州，武藏的雅称，今埼玉县与东京都。

④ 上州，上野的雅称，今群马县。

北国出身的商人为数众多。听说他们大多都并非由北国直接前来，而是在去江户做工后的北归途中，因为某种机遇和条件而最终留下来的。事实是否果真如此，需要进一步确认，但至少说明如此程度的江户生活仍然不足以找到配偶成为町人，而与出生的故乡之间的感情也渐渐淡薄，因此机会往往存于二者之间。随着故乡的吸引力继续衰弱，后来的人们连归乡路也不再踏上，有余力者也就积极地去成为盐原太助①去了。当今屈指可数的大富豪无一不是来自北国的土地，我认为自己的此种推测绝非只是空想。

八 "半代"外出务工②的悲哀

《家职要道》③一书中有"已为商人之子弟，不可再召回故乡"的训诫。这也许是认为那些一听到召唤便满不在乎回来的子弟，其实并没有成为真正的商人，担心这种半吊子尤其容易对农村有坏的影响吧。但不管怎么说，近代商人归乡的机会不多，渐渐也不被故乡

---

① 盐原太助(1743—1816)，江户时代白手起家的大商人。因为三游亭圆朝的《盐原多助一代记》而闻名，还曾作为个人奋斗的成功事例登上过教科书。

② "半代"外出打工指虽然长时间出外打工，但终会落叶归根的情况。

③ 《家职要道》，正司考祺著，1851年出版，8卷，论述了商人的日常道德和家业繁盛之道。

召唤了。所谓归乡，自然不是指随时的访问，而是重新成为村民。如果还是父母执掌家事的时期，也许可以悄无声息地同从前一样被算作是一个孩子，如果不是这样，那么首要的是自己获得村民资格。从前，有房有田几乎是村民资格的唯一象征，今天医生、教师、小商人等职业也成为在村中独立拥有自己家庭的基础。也许将来村落组织能如我们期待的那样变得完善，相关者也有大把回村居住的机会，但如今在有限的资格尚无空缺的情况下，即使衣锦还乡，也依然不得不过着别墅生活者似的与村民相悬隔的生活。若非如此，就得排挤掉某个村人。对此，村落当然会早早显示出拒绝的态度。

"冬季奉公人"在近世的进化，从另一个侧面表现出了同一个倾向。如果村落四周还有一些可开辟的余地，在父母的辛苦下还能独立出新的一家，那么即使是家中的次男，父母也会希望他尽量能年年回村，亲近农活，这是为人父母的人之常情。而如果土地均已开发殆尽，成了有主之地，那么如果不是握有积蓄，回乡就毫无意义。而外出务工的时间一长，村里的情况、自己的心境都会发生变化，除了游玩，几乎不再回村。逃债、私奔等没有退路的人另当别论，最初可以说没有送人出村而希望他们不再回来的。后来渐渐预料到会出现不再回来的结果，从一开始就根据本人的能力，希望他们离村后成为僧侣、商人或是工匠，这是一种思想的进步。即使尚未成功，也足以当作经验，去寻找更为有效的道路。将之视为盲动，一律加以警惕戒备，是过于低估了农民的能力。

所谓"半代"外出打工的风气，是被束缚于长久历史而形成的一种不彻底的情况，在海外移民方面，我们已经有了这样的经验。很多人口头说是"移民"，其实只是以汇款为目的，为在故乡成为地主，新建房屋，在银行拥有存款而欣喜，正是此类。而在内地的都市，永远以同乡会的前辈自居但却一直无法归乡定居的人，如今还怀着长屋时代暂且应付的心情，安然坐视恶人结党营私利用市政。如果能及时加以注意，整理纷乱复杂的心情，那么不但能找到自己的幸福，也能找到都市与农村，以及双方居民今后的幸福。

九　不被提供的劳动机会

日本都市的失业问题，有着不见于他国的特殊困难。无论劳动组合的管理方法多么熟练，也无法防止有人在农村剩余劳动力的背后窥探可乘之机。农民在放弃其祖先的本职之时，才终于发挥出最大的力量，这是无论如何都难以理解的变化形态。我国都市劳动者中的大多数是农民的兄弟，不久前才告别农民而离开村庄，在其故乡，还有许许多多只要接受短期教育便能轻而易举加入都市劳动者队伍的人。至少今日凭着结合的力量获取垄断利益的职业，很多是农村人能够取而代之的，但是村中还没有能够利用这一力量的方法。同盟罢工的战术只有在奇袭时才能取得成功，全因为在农村有着这样颇为偶然的对资本家的支持。

但是有些政治家对此一无所知，居然在都市的失业问题引起巨大关注时，建议让失业者返乡。殊不知他们如果能够回到农村，一开始就不会来到都市，即使来到都市，也会与椋鸟一同在春天离去。村里的失业虽然并不显眼，但正因为早就人手过剩，村人才会如此来到都市，品尝双份的苦涩。此外，中央的职业介绍所也向地方政府发文，请求协助阻止那些"椋鸟"前来，这也是不可能实现的事。就连到底是怎样的村落里的何种青年，尤其是冬季临近之时不得不外出打工这样的事情地方政府也并非全部知晓，更何况是制止他们离村。这需要为他们提供无须外出的安心感，但没有人有这样的能力。如果能够轻易阻止，就决不会无所作为地走到今天。因为有些中央的手握权力者，只是将离村视为农村衰落的表现而忧心忡忡，根本不去追问村中的实情与原因。

当然，这样的想法是错误的。无论什么时代，劳动力都是农村的主要产物之一。以劳役的形式征用以至于浪费，或是静等不谙世事的天真者贱卖自己而廉价使用，再或者将其聚集起来转化为一种力量，形式根据利用者的需求各不相同，但迄今为止还没有哪一个社会能够不依靠其供给而进步，没有哪一个文化能够不仰仗其供给而发展。特别是我国的农村劳动力，有着值得称许的几个特点。在村落的沉思中培养出的对社会法则的承认与坚持，因自然丰富的刺激而形成的对生产劳动的兴趣，以及独立于此的精细感觉和灵活的适应性，这些都是其他文明诸国所谓不熟练劳动者并不具备的。都市如果阻塞农村劳动力的进入，将会迅速陷入衰老，而农村也是因为有了与都市的长久融通，才建立了今天这样的繁荣。移动的必要性越来越大，但其自由却受到限制，一旦离开生长的土地，也许就将永远失去安心生活的可能。与其烦心于不可能成功的压制手段，倒不如先站在渴望得到劳动机会的人的立场，好好考虑一下工作可以如何分配。

一〇　迁徙的自由与不自由

有不少学者认为过去农民的居住自由遭到剥夺，如果这是针对日本的说法，那么我完全不认为曾有过这样的事实。在兵荒马乱的战国末期，农民的数量一度极端减少，为了能尽快重新开垦荒地，对私逃的农民处罚较为严厉。相邻领地之间缔结所谓人员返还约定，相互保证对私逃的农民不予保护，则是出于压制对新领主的反感这一共同需要。而换一个角度，我们也能想象出即使处于如此残酷惩罚的威胁之下，当时也还是有生活不舒畅则不惜尝试逃离的农民，以及欣然迎接他们的邻近的领主。大多数情况下，逃离都伴随着逃税。如果是以逃避地租为目的，那么问题就不止于到底有没有实施威令了。穷追猛打，施以重罚，以儆效尤，就当时的情况而言也是不得已，不只是限制居住地这么简单。所以在江户幕府的领下，初期的法度书①中明确表示，如果确实无法忍受"地头""代官"②的横暴，在年贡缴清后具明理由自由离开，不属违法。

不知不觉中，村中人满为患。不管是怎样的"水吞"③家庭，户数增加，消耗的生产量也随之增加。而耕地面积不变，则收获量难以轻易增加，如果消耗的人增多，自然会出现贫困者，这是一目了然的事。于是一直以来，只要山野尚有余地，就从未停止过对开垦新田的奖励。所谓"新田百姓"，并不限于从接壤的村落移住而来的

---

① 法度书是武家分条列举禁止事项的文件。

② 代官是江户时代幕府从"旗本"中选择人选，派往散在于全国的幕府直辖领地管理税收及司法事务的官职。

③ "水吞"即"水吞百姓"，是江户时代对贫农的称呼，形容家穷只能喝水充饥。

人。如果村落附近还留有未开垦的土地，往往是因为人手不足。因此进行大规模开发时，召集的人手并不限于管辖之内的农民。关于私逃农民需强制带回的规定，在这个时代已经名存实亡，但是制定了村落作为连带担保人代替逃债私奔者支付尚未缴清的税金的法规。逃债人的田地，在税金缴清之前由全体村民共同耕作，缴清之后交给希望耕种的人。也就是无论上下都早已经想得很清楚，既然困难到不得不逃离的地步，那么生拉硬拽极力挽留也毫无意义。更何况是那些有许多兄弟，又没希望去别人家做女婿的人，这些人离村去寻求新的安身之地，更没有禁止的理由。为什么现在还会出现这样毫无根据的过时的话①，我实难理解。

如果不是农村青年大量走出来，我们虽还不算成熟的大大小小数百个都市，怎么可能在短时期内具备今天这样的形态？都市世家的盛衰，常常令知者不由叹息，而以全新的精力树立名声、积累财富者，也是一批又一批地涌现。他们无一例外都是后来从农村迁徙而来的。即使是千年之都京洛②，自古闻名的世家也是寥寥，农村的血脉一直不曾间断汩汩流入。一方面各地的生产由都市所代表，

---

① 此处指禁止农村人离村的意见。

② 京洛指京都。京都美称洛阳，所以有京洛一说。

另一方面农村人也一直在创造并改变着都市。但无论多么善于奉承之人，都很少称颂他们的功绩。而其事业全是出于本能，很难认为是有意识的行为。长年累月后，渐渐意气消沉，变得随遇而安，杂乱不堪的势头已经难以阻挡了。也许在还有许多人不假思索地相信农民曾被束缚于土地之上的社会，这也是没有办法的事吧。

第六章 "水吞百姓"的增加

一 分家①为晚近农村的风习

农村生活不安的一个新的原因，在于都市的吸纳力，即转化地方上的剩余劳动力为我所用的力量，由于难以整体管控和整理，早就达到了饱和。劳动者的团结，随时受到外部劳动力补充的威胁，立场难以变得坚定。这一事实虽然是近来出现的，但至少在大都市，其倾向很早以前就已经存在。都市的贫困之渊越来越深，而作为解脱之策，也出现了种种丑恶之事。对于即使离村也会一样困难的担忧，在某种程度上限制了和平的离村，这是一个事实。而明治

---

① 分家，日语中一般作为名词使用。日本传统由长子继承家业，长子以下的男孩或在村中另外独立，或离村谋生。由长子继承的称为本家，另外独立的称为分家，分家在各方面地位都低于本家。

之后移住的机会忽然再次激增，于是反作用也变得更加强烈。

但更为有效的一种自制，早已出现在农村内部。我们农业三百年的变迁之中，影响最大的是土地继承制度的实际变化。或者将之称为生活与制度的折中也未尝不可，总之，仅依据法规文书的表面来理解时代经济的方法并不可靠，这在近世史研究领域已经颇为鲜明了。实际上，人们并未如同政府预设的那样生活。继承问题，尤其因与各家的具体情况紧密相关，所以制度总是要比现实慢上一步。正如在令①承认私有财产的诸子分割并规定了细致的处理方法之时，让"家督"②占有优势的各种惯例已经出现，同样，在长子还被称为"总领"③"一迹"④之时，分家已经积蓄了与之对立、竞争的力量。"应仁之乱"⑤算是例外，就整体而言，武家居住于农村并经

---

① 令是日本古代以唐令为蓝本制定的国家基本法典，其内容包括除刑法外的行政法、诉讼法、民法、商法等各种内容。以 668 年颁发近江令为始，有 689 年飞鸟净御原令、701 年大宝令、757 年养老令等。其中实际在全国范围实施的为大宝令。

② "家督"是家父长制度中的家长权，或拥有家长权的人，一家之主。

③ "总领"原是律令制之前监督数国行政的官职名，中世后指武士的家族结合中的首领，转为一家的继承人之意，后也用来称呼家中的第一个孩子。

④ "一迹"指家系、血统，转指继承人。也指传给继承人的全部财产。

⑤ "应仁之乱"也称"应仁、文明之乱"，日本室町时代应仁元年（1467）至文明九年（1477）的内乱，从幕府管领家畠山氏、斯波氏的家督争夺，发展到细川胜元与山名宗全的势力之争，加上八代将军足利义政的继承人之争，几乎形成全国性的规模，成为主要战场的京都遭受到毁灭性破坏，日本政局逐步走向战国时期。

营农业的时期，一族一门的结合最为重要，甚至为了家的自卫，牺牲父子间自然的感情也在所不惜。在没有战事之时，其法则也被应用在土地的经营之上。当然，这也是因为我国自古就有着与这种家族制度相调和的农业方法。而拥护"总领"的必要，主要是在武备方面特别强烈。一旦外部压力消失，其统一逐步趋于松弛就是自然趋势。

因此，虽然武家上上下下直到最后都严格遵循着家督制度，但农家却是其产业逐步分割，次子三男的部分独立性得到承认，小规模的"长百姓"①也不断增加。"分家""新屋"成为社会新的流行，从前只是在开发相互远隔的土地时将规模较大的家族分为两处的习俗，不知何时变成兄弟分割，在同村比邻而居、竞争实力了。我想也许因为更便于管理，又或是为了方便分派劳役，支配者对此也有所奖励吧。

二　从爱家到爱子

家门荣耀与骨肉亲情，很多场合存在着内部的相互竞争。在村内维持像样的地位，需要家里有与之相应的田地和能动用的人力。

---

① "长百姓"也称"旦那百姓""乙名百姓"等，指村中担任"组头"以下职务的家。柳田文中指一般的自耕农之家。

被父母视若珍宝的孩子，因为家的地位下降，只能坐在下人之列当中的上席，这种事即使是想象都令人难过。重视家族的风气自然不会在一夜之间衰微，但其实农民是被迫最初放弃弓箭长枪大刀、之后放弃家系图谱的人的后代。以安泰为主，坚守祖先的土地，在这种保守思想指导下的人无法抑制个人感情的即时流露，有着令人同情的理由。凭借着"隐居分"①"后家免"②，带着剩下的孩子离家独立，自然便不再属于"家来"③系谱了。之后，再转变为父母千辛万苦尽量增加财产以分给次男以下的孩子。今天不忍直视的家人内部的争执动摇着农村的道义心，其原因正是互不相容的两种倾向还未能通过制度进行明确的区分。

日本民法中几乎被漠视的一个事实，是长女继承家业的习俗分布甚为广泛。其中一定有着自古以来的理由，至少户主需要尽早有个助手、副将，农业也不例外。养子的风气因此久盛不衰，剩下的孩子不用送到远方虽好，但财产的分配变得更加麻烦，分家也因此增多。行政上一户二十石之类的限制，只是显示了普通百姓能够独

---

① "隐居分"指隐居者分得的作为生活费的财产。

② "后家免"即"后家分"，"后家"指寡妇，中世武家之妻若是丧夫，能够获得一定的土地作为生活保证。

③ "家来"指武士的随从。

立的分界线，无法防止大规模的农家因为每逢世代更迭便需分割，其规模变得越来越小。农村的农业方式当然不得不伴随这一情况而发生变化，但这一点还没有人予以考察。

旧家心有远虑的主人，一边守护这个家，一边安顿膝下儿女，是一件极为辛苦的事。心气坚毅、洁身自好者可以指引其去武家奉公，喜爱学术、计算、文笔者则考虑送去寺院或是町人家，但踏实稳重、深谋远虑，最适合成为农家之主的，在次子三男中也应该不乏其人。那些被认为与父母最为相像的孩子，又或者是继母生下的孩子，当然无论是谁都想尽量放在眼皮底下，目睹其成长兴盛才能死而瞑目。最为安心的方法是新田的开垦，即使没有政府的奖励，他们也会最先关注，村内的人口增加总是在这一方面灵活地显示出其结果。其次在今天就是尽量为他们找到种植果树、养蚕等主要农活之外的新的生产内容了。原本饮食材料之外的农业，是难以得到大家赞同的。酒、醋、酱油、菜籽油等，都是近世之后才成为商品，一时之间在众多村落同时兴起，简单说是为了家产的分立而新发现的一种方法，但自有其弊端，已是长久未行。养子入赘等通行于各个阶层，只要能拉上关系，还算得上般配，就几乎被极端地用于这一目的，但这也需要以顺从村落风气的束缚为条件，而且财力较弱的人，自然其机会也较少。希望凭着自己的劳动安身立命的人孑然一身来到城市，也是因为有此背景，但那是年纪稍长、能够独立思考之后的事。身为父母为子女考虑，当然会更加重视身边的幸福。百姓的"年季奉公"近世非常盛行，我认为其主要原因正在于此。

三 下人亦为家人

所谓下人是农业劳动的真正主体，中世以前也应该是一样，但其构成却随着时代发生着变化。古时农村的下人，主要是一族。人们容易去想象农奴可叹的生活，但我们无法想象那一时代有着足够的农奴劳力以支撑全体的农作，也无法解释其他多数的常民都在做什么。卖却此身，编入异姓之家，这样的人当然确实存在，但他们与家庭成员中的劳动者在自由程度上有多大的区别，如果不加以调查便无法判断。而所谓自购奴婢，其数量也极少。主从关系的思想之中，明显地有着近世之后的变化。加上外国文字的对译，也常常会歪曲我们的思考。

"奴（yakko）"的意义，原本与"家之子（ya no ko）"相同，只是指在家中居住并且劳动的人而已。在有些地方，即使今天也如此称呼家里的年轻人，或者勉强以"厄介（yakkai）"这样的汉字来表示同居者的意思。"家之子"的"子"，是劳动力的单位，统括指挥他们的便是"亲方（oyakata）"。如今，比起真正的父亲，将长男称为 oy-akata 的方言广为人知，这是事实上"总领"很早就执行着劳动首领职权的痕迹。在都市，"亲方子方"一词今天也用于大致相同的关系。这似乎是非常简单、毫不起眼的事实，但凭借这一材料，我们可以知道所谓协作，过去是在怎样的形式之下得以成立的。即在今日由亲子组成的家庭开始之前，"子（ko）"之间早就有着"oya"这一唯一的中心，因为其按照血缘和年龄排序，之后自然而然限定于今日"亲子"这样的意义上。日本半数以上的农村，今日依然将亲戚称为"oyako"（亲子），如果不设想以前的劳动团体比现在要强大得多，也许这就只能作为乡下人的谬误而遭受众人的耻笑了。

农家的劳动者主要是其身份低下的亲戚，要确认这一点，在今日只能去拜访硕果仅存的山村的大家族，如美作①的"七子持屋"，或是飞驒白川②的五层楼的草屋，若非如此，就只能去翻阅仅存的上代户籍了。但在武家这方面，其系谱图中保存着很多的证据。除了新崛起的少数大名，其他家族的随从，其先祖都能在主家的系谱中找到。关东地区，以武田、三浦、儿玉、那须为首，许多世家的

---

① 美作，今冈山县的一部分。
② 飞驒白川，今岐阜县白川乡。

一族，一定是在本家附近新开辟田地，以别的姓氏自称，但依然跟随本家，特别便于我们理解这一关系。即使没能有独立的姓氏，古时的同族也都成了单纯的随从，与新的分家有着显著的差别。这并非是因为时代久远所以待遇变得粗陋，而是由于对待庶家的方式经历了巨大的变化。兄弟分家独立经营农业后，世代相承的下人就会减少，最终需要从外部的别的家族补充，但这一时代已经出现了行政上的干预，禁止卖身。于是，农家也不得不采用新的"年季奉公"的形式了。

四　"年季奉公"的流行

奉公，对于家庭而言，无疑也是一种分家的形式。但完全不分与田地而将孩子们送出村外，从前的农民是不称之为分家的。于是"卖身"这样的词被人们较为随意地使用。一定时期内将田地让给他人耕种称作"卖田"，实际上是卖出了每年的收成，与此相同，一定时期内将劳动力让与他人指挥称为"卖身"，却引起了外国人甚至本国人的惊讶。有些地方至今还有不少人把将孩子委托给他人称为"送孩子"。所谓"卖身钱"，实际上是指缔约时一定要交付一些财物，当然也无法指望能拿到"长长钱包中的五十两"①之类的巨款。幕府的直辖地，还有其他许多藩国，不少地方都将"年季"的期限定在二十五岁。一般很小的时候就去主人家实习，所以能拿到的薪水并不多。年景变得更加艰难时，更多人提出只要能将孩子养大不要钱也行，也有不幸的人将孩子遗弃在看上去是慈爱之家的门前。在日本，弃婴是无条件委托婴儿的一种方式，今天在一些县也颇为盛行。父母藏身于阴影之中目送孩子被人抱走，或是如果看着无人捡拾晚上再抱回家中，并不是编造的故事。在刑法中不加区别地视之为遗弃罪，是被概念所束缚，反而造成"残杀养子"②的悲惨事件增多，但这一点在此论述是偏离主旨了。

总之，农家的"年季奉公"，与现在略为守旧的都市里商人、工匠家的学徒奉公，有着同样形式的附带义务。事先约定的年季结束后，帮助他有个家，为他找媳妇，将些许收成转包给他，认他为永远的"子方"③，这便是双方从一开始就有的默契。与今天信任"作男"③而长年委托，无论其外观如何相似，在这最重要的一点上迥然不同。一目了然，都市是从农村借鉴这一习俗的，但其源头已经

---

① 《假名手本忠臣藏》中的台词，指巨款。
② "残杀养子"即领养孩子骗取抚养费后将孩子杀掉。
③ "作男"即雇来耕田的人。

根断脉绝而分支却还存在，这一点发人深思。曾经是某一时代的明确义务，如今已经连权利都无法主张，其理由是这一问题的相关者无法忽视的。

就算是日本这样喜欢以出身区分人的国度，也还没有将佃农的祖先看作是另外的阶级，也没有将"水吞百姓"看成归化人的后代，而认为他们是贫困零落后陷入了只能"喝水"境地的普通农民。到底是否有着杂然的原因，所以在短短的一百五十年或两百年的时间内，全国一致地出现了如此众多的佃农呢？而零落后的世家是否真能安然接受佃农的地位呢？这些本来只用去看看实际例子就能明白，但是国民却总想将救治的方法委托于连农民不安的根源都不清楚的人，不能不说是过于漫不经心了。

五　所谓温情主义的基础

对子女的爱是至情，均分也是正义，但如果弄错了其使用的地方，这些也能成为不幸的根源。多数农民，其家传的田地，本就不是广阔富足的。只能保障劳作于此的人过着不缺衣少食但简单朴素的生活。主人能够不亲临田间而经营的农场，只限于贵人与神社、寺院等不多的情况，即使是武士，居住于乡间之时也要作为"亲方"

握锄下田。等到放弃弓箭变为专门的农民，不再需要重视"总领"，于是一代一代分田割地，以至于有人认为意为"蠢材"的"tawake"一词就是由此而来①。直到无地可分，这才将次男以下热爱农事的孩子，送到别的规模较大的农家去做"年季奉公"，好有个将来的指望。

因此被称为"小前（komae）"的最小规模的自耕农，与佃农之间并没有明确的界线。丰收之年前者乐趣更多，而歉收之岁则是后者更为无忧。地主缴纳"定免"，即固定金额的地租，而对内则加以照顾减少租金，被认为是一种功劳，这在历史上有根有据。现在当然已经没有这样的责任了，但从前至少不能让人饿死是"地亲"②无言的承诺，"年季奉公人"的贫穷父母也以此作为内心的些许安慰。让"庭子"③"抱百姓"④饿肚子的事叫外人听到不好，这样的感觉依然存在。我知道在信州的伊那谷，"亲方众"⑤之中还有直到近年依然保有备荒的谷仓的。小规模的"长百姓"虽然消费自由，但如果自己

---

① tawake 汉字可以写作"田（ta）分（wake）"。
② "地亲"，地主与佃农之间结为拟制亲子关系，地主成为"地亲"。
③ "庭子"即代代在主人家劳作的下男下女之间生下的孩子，也泛指代代隶属主家的佃农。
④ "抱百姓"指与地主"亲方"结为亲子关系的佃农。
⑤ "亲方众"即具有"亲方"地位的人。

准备不足，在歉收之时就一定会遇到困难，其境遇不如说比佃农更加不稳定。

近年常被使用的"温情主义"一词，如果我的记忆不错，应该是床次竹二郎氏①最早使用的，是个十分不准确的新词。如果说"温情的事实"，也许还有一些。佃农之中虽然也有人不满，但不知为何感觉到负有责任，难以背叛，也就是还记得从前受到的庇护。而"地亲"除了赏酒喝、对佃农按时纳米给予奖励，也觉得颇有优越感，虽然说不上来是因为什么。其实这都源于自古以来的关系，因为曾经存在过共同的经济利益。而如今就算想恢复到从前，也极为困难。更何况是新近购入土地成立公司的人，做些出借物品还附送礼品的事，将之称为"温情主义"，已经不是夸张而是驴唇不对马嘴了。

六　地主自耕的缩小

"年季奉公人"之所以渐渐演变为今天的佃农，地主自耕的衰退影响极大。最初下人的大部分都是代代跟随主人的所谓"谱第"中

---

① 床次竹二郎(1867—1935)，日本的官僚、政治家，历任内务大臣、铁道大臣、递信大臣、政友本党总裁。

人，即使是为了方便起见，如同町家不住店的掌柜那样住处分离，只要他们的妻子儿女还在主家的会计之下生活劳动，那么地主直接经营村中所有的自有田地，就并非全不可能。意味着自耕的"佃御正作"一词，在这样的情况下是不会出现的。劳动者自家周围的旱地本就允许个人私耕，而山谷深处、山岗的背阴面、河流的对岸等处的小块田地，监督十分困难，全部交予承包的做法，也并不少见。直到今天，也还存在着为了鼓励"作男"而让其拥有赚取零花钱的些许田地的习俗，称之为"shingai 田"或"hori 田"。这种情况下，当然地租等负担也由耕种者承担。其中也有粗略计算后，收取一半或是 45%，剩下为耕作者所得的。初期的承包耕作大致如此，当然，从一开始就没有让承包者依靠这个实现经济独立的计划。

而奉公超过期限后让奉公人作为"百姓"过上比较自由的生活，同时交由其承包耕作的土地面积也随之增多，"亲方"直营的区域出现缩小的倾向，这也是事实。这两个事实，哪一个是因，哪一个是果，难以判断。虽说结成了"oyako（亲子）"关系，但对方是新近从其他家里过来的，在外也有不少自己的关系，因此无法像此前对同在一个炉灶吃饭的"谱第"者那样无条件地坦诚信任，于是尽量避免繁杂的指挥监督；或是如果不让对方有着乐趣和盼头，难以保证他们有干劲安心干到满期；又或是尝试着将自己保护的责任减轻到较低程度；也许是反过来，因为自耕的需要大大减少，于是制订计划要在将来把剩下的田地都分给年季奉公者中有耕作愿望者。恐怕是以上各种情况都存在，共同造就了发展到今天这样冷淡的土地借贷关系的基础。

就整体而言，家庭成员的人数在逐步减少，东北地区等地方极少见地还保留有一些过去的痕迹。从前长者(富翁)能够炫耀其财富的几乎唯一的象征，就是巨大无比的厨房，糠森①、箸塚②、米白川③等传说，几乎都是在这一联系上的想象。数十上百的男女欢笑喧闹地干着夜活儿，带来有趣的故事及和歌的众多旅行者在此留宿。养活他们的稻谷都是从自家田地上收获的，但除了税金和交易所需，也无须过多储存。陆续分家之后，本家的大宅子往往显得空空荡荡，而新分家成为"长百姓"的家里，从一开始就不打算模仿这种大规模的设计。于是自耕也只限于门前方便的田地，满足于补充

---

① 糠森，日本东北地区的地名，传说是富豪家丢弃的米糠堆积而成的山。柳田的《远野物语》中提到了这一传说。

② 箸塚即"箸墓"，日本奈良县的地名，传说是富豪家丢弃的筷子堆积而成的小山。

③ 米白川即"米代川"，日本秋田县的地名，传说勤劳的夫妇在蜻蜓的指引下发现了能治病长生的美酒涌出之地，因此成为富翁。渐渐地，此地人口增加，在河中洗米连下游都会变白，因此命名为"米白川"。

为数不多的家人之用。当然，也并未因此而放弃迄今在土地上的势力。同样是自耕的一町两町①田地，以此为全部资产的小地主和除此之外还有许多土地转包他人的"大家"，除了村内交际时的各种便宜，在农法上也有着显著的差异。在插秧、收割等需要外部劳动力作为补充的工作上，二者的方式完全不同。外部的劳动力补给，在普通"长百姓"之下的"小前"或是佃农之间，称为"yui（结）"。而对于"大家"或"亲方众"，则有另外一种称呼"koryoku"，即"合力"。有些地方还保留了从前的称呼，将帮助大地主家做农活的人单独称为"田人"或是"早乙女"。因为这是最为传统的日本农业的重要条件。

七　农活的忙闲调节

实际居住于村落的家庭都明白，没有比农业更加难以分配工作的生产了。无论怎样将水田旱地多种多样的作物相组合，一年中最为繁忙的时期还是会集中出现在春夏之交。在我国的古历之中，卯

---

① 町，此处为面积单位，1 町为 1 公顷。

月①八日被称为"toshi"②，是一个转变期。之后的短短两个月，需要处理一年的农事量的一半。如果事先预备这一时期需要的人手，那么他们中的很多人在其他月份就无事可做。而可以无所事事的时代已经成为过去，为了填补这个空隙，人们可谓殚精竭虑。

西洋各国没有插秧的工作，因此播种的时候比较清闲。对劳动力的需求高峰是秋季的收割之时，甚至有这一时期从都市召集人手的习俗。所以，一旦发明了可以节省其前后所需劳动力的机械器具，一家人有能力耕作的土地面积便可以大大增加。日本也似乎是模仿这种方式，引进了脱谷机、脱壳机等各种机器，但这却使得插秧时的忙碌变本加厉，完全无助于农场规模的扩大。实际上，就算想扩张也没有相应的办法。也许直接品尝其苦涩的人还不多，但不管看上去多么忙碌，当我们把视线放到一年的长度时，就能看到只不过是将工作集中在了一时，实际上农业比从前更为艰难了。

另外还植桑养蚕的地方，自不必说。即使并非如此，所谓改良农事，大多数情况下也只是相对增加了插秧时对人力的需求。在这

① 卯月即农历四月。
② "toshi"是年、岁的意思。

一季节，节约的方法甚为匮乏。加之因为市场的要求，需要尽量种植单一的水稻品种，于是插秧期变得更短，也失去了帮助别人的余地。从前与此相反，各地根据时节，较大规模的农家都会有意识地错开育苗的时期，让"结"的往来更加方便。"结"这一作业方法的效率，绝非只是单纯的加法。群集与纪律让年轻的男女有着令人愉悦的兴奋，但更重要的是，互相之间只是略有了解的亲戚或邻居，会认为需要对方照顾是一种耻辱，在"晴"①的工作场面不愿屈居人后，而在这样的心情下，原本四人需要七日的劳动，如今十人只需两日便可以完成。即将成为新娘的女孩在此时受到考验，为数不多的年轻姑娘也在这时展露出其性格和劳动状态。劳动的好手嫁到夫家也不会遭人欺负，父母或叔父母终于能够安心，而村里的青年则为之一见倾心。如果不是充分地运用这种方法，亲子、夫妻这样的简单家庭便无法将其劳动能力发挥到最大，只能甘做细小农家，在一年的另外一半时间无事可做，但生活却绝非悠闲。政府对这样具有多种意义的村中农业方法不加考虑，只把全副精力放在个人主义的改良上，无论怎么辩解都是一种失败。另一方面，"亲方众"的直

---

　　① "晴"在日语里有非日常、正式之意，"亵"有日常、非正式之意。柳田把这作为一对概念引入民俗学，扩展其内涵，用以理解民俗生活中时间、空间的不同性质。这一对概念为日本学界接受，成为诠释日本文化时的一对基本概念。

营农业，早在此之前就已经彻底废绝了。

八　"大田植"①的场面

所谓"大田植"的方式，虽说还在日本中国地区②的山村有所残留，但已经无望在经济层面再现辉煌了。如果认为地主并非农业者，那么应该上溯到"大田植"中止的时候。在重视稻米的日本农村，"大田植"是一年之内最为激烈的战斗，村人最为全神贯注的劳作，比起祭礼或盆节的歌舞，更有着复杂的两方面的兴趣，可谓理所当然。而其传统的断绝无疑是重大的变化，决不能只任由民谣诗人或是复古趣味者去追思。

"大田植"的"亲方"当然是地主自己，被称为"田主（ta nushi）殿"。因为悠纪、主基等斋田③被称为"大田"，所以天皇也有着

---

① "大田植"指集中插秧。

② 中国地区是日本的广域地区划分之一，位于近畿地区以西，包括广岛、冈山、鸟取、岛根、山口等县。

③ 日本天皇每年 11 月要举行感谢收获的"新尝祭"，而新天皇登基后的第一次则称为"大尝祭"，有着特别的意义。祭祀用的稻米需要取自以龟卜选出的东西两块"斋田"，称为"悠纪"和"主基"，其中"悠纪"从东日本各国选出，"主基"从西日本各国选出。天皇将斋田出产的稻米敬献于神，之后自己也食用。

"大田主"之名。"田主"在一些地方被称为"ta（田）aruji（主）"，因此今天流传的许多插秧歌中都误传为"太郎次（taroji）殿"。太郎次的儿子、女儿、媳妇都是经常在插秧歌中出现的人物，他们或是美丽动人，或是令人想念。以太鼓与笛子为伴奏，选择嗓音好的人作为领唱，早乙女全体附和，这样的声音被称为"tsuke"，穿越密林，回荡山间。清晨，歌唱晶莹的朝露、草中的小花、远山的样貌、飞鸟的身姿，之后神灵降临，于是赞颂田神之德。中午，被称为"昼间持"或是"onari"的女子，盛装打扮，带来食物，则要以夸张的方式来歌唱其艳姿。"onari"在前代的记录中写作"养女（kaime）"，是这一天田祭中重要的角色。休息之后下午再次喧闹下田，开始唱着今年也要丰收，稻谷堆满仓之类的"祝歌"。到了日落时分，大家也都精疲力竭直不起腰或是这一天可真长之类的语句便多了起来。

　　"田主殿呀快叫停吧，活人别一次用到死啊！"

　　这样的语言，因为是在插秧歌中而得到容许。实际上效率的提高正是在这样的时候，有才能的领唱者，以戏谑缓解气氛的紧张，以调侃他人的内容逗人发笑，刺激大家继续劳动。虽然是每年都要重复的事，也许比打仗还要艰苦，但在兴奋的感觉上，从前的农民无论是谁都曾在"大田植"中体验过非常纯粹的东西。即使是只被分配了将秧苗扔到田中这样任务的男孩，或是兀自在田埂摘花玩耍的女孩，也因为目睹这样的情景而迫不及待地希望早日长大成为青年。这也是一种教育。

因幡地区①"湖山长者"的故事讲述了一日之间种下千町田的传说。说有一年因为山猿背着孩子出现，几万名田夫只略略停了一下手回头去看，插秧的活儿就已经难以在当天完成了。长者不愿如此，便展开黄金折扇，将落下的太阳又召唤回来，于是受到天罚，千顷良田忽而陷没，成为大湖，这便是今天的湖山池。虽然这只是个传说，但有着故事发展的路径。大小田主都希望利用"合力"的约定，在一日之内完成插秧工作。当然，这一希望中有不少对名誉的渴求，不能仅从经济的道理上进行说明。总之，权势之家的农场需要以今日的农民难以想象的各种鲜活的力量来经营，这也是我们的祖先居住村中的一种幸福。

---

① 因幡，今鸟取县的一部分。

九 需要多数贫农的"大农"

如果没有这种对劳动力的巨大的临时性需要，今日这样不完全的佃农就没有存在的必要。无论哪个国家，在美国式机器发明之前，"大农"都在劳动力的问题上存在不安。如果经常在附近保持收割季节需要的足够人手，那么这些人平时的衣食就无法保障。而如果从远方临时雇人，并且不提住宿、纪律等方面，仅是签订合同上就令人有着种种不安。工业在都市兴起后，"大农"首先感觉到无法依靠外来供给的危机，于是着手改变土地利用的方法。而日本更有着被称为"田植"的令人心焦的插秧季节，即使调动妇女老幼，也难以填补这种不均衡。但是日本的地主逐渐放弃直营的最初动机，并非基于这一临时劳动力供给上的困难，这一点十分明确。我国的农村还没有进入连插秧的人手都已经不足的寂寥时代。

村中随时有着容易补给的劳动力。不仅是在最繁忙的农历五月，收割或是旱地种植的各种农活，只要招呼一声就能立即前来的穷人就住在身边。他们劳动中的多少将作为佃农的条件被无偿收取，各地情况都不尽相同。比如，在气仙地区①的大岛，无论是水田还是旱地，"下作人"都会来打理好一切，主人夫妇只用管理仓库的钥匙，监管收获物的出入。在东北地区，有地方规定一年中几十天，本人觉得方便的时候来劳动即可，对此只支付很少的名义上的工资。各个事例都有地方相传已久的惯例作为标准，而一般而言佃农的条件都是为了维持地主家农业顺利进行而提供一定的劳动力。

在一年中插秧和收割的几天不给工钱的事例为数不少。但以前有工钱和无工钱的差别并不重要。因为无工钱的"合力"，在那些天一般都需要提供丰盛的食物和美酒，下面的百姓也都拖家带口前来参加；而有工钱，也一般只是以家为单位支付，大都是从前就约定好的额度，至多也就相当于当天食物的全部。佃农的生活，是期待着这样按日雇佣的天数越多越好的。因为从一开始，双方就没有预想佃农能仅靠租田的种植满足一家人的劳动需要，依靠其收获维持全年的生活。简单来说，虽然有来自外部情况的要求，但日本的地主们为了自身生活的方便，总是要造就超过必要数量的"水吞百姓"。作为劳动力丰富之国自古的惯习，滥用最为丰富的资源，也

---

① 气仙，今岩手县东南部和宫城县东北部。

是没办法的事。于是农业也便一直对贫民有着持续性的需要。如果这一状态继续下去，那么非常可悲，只能永远主张以小农的极度节俭为农村当然的道德了。

一〇 "亲方制度"的崩坏

地主自耕的废止，进入近代才最终完结，但其倾向确实在遥远的江户时代中叶便已萌芽，他们虽不劳作但自己仍是农民这一世所罕见的感觉，是在相当长久的岁月中培养而成的。以回顾者的眼光来看，江户时代似乎只是平淡无奇的三百年，而实际上正是其外表的太平无事，让今日的新倾向变得根深蒂固。说起原因可谓不胜枚举，在此只列出重要的两个。第一个原因是商人地主的出现。两三年就可以完工的小规模开发大致完成后，眼看剩下的土地都需要大规模的土木工程才能变为良田。所谓资本，在很长时期都只不过是饭米，而伴随着商业的忍耐与冒险，对于以踏实自重为座右铭的村民而言难以忍受，所以过去藩主都是以"国役"的方式来要求，或是期待民间能出现承包者。越后、津轻①等地的大平原，日本西部的

① 津轻，今青森县西部。

填埋新田等都是采用这一形式，以初期减免税的待遇吸引外部资本家前来开垦投资的例子数不胜数。这些新地主从一开始就没有考虑过自耕，他们想出了依靠佃租米与年贡米之差额谋求经济自立的方法，使之成为流行。但税率较高的"本田"①所有者想采用同样的方法并不容易。

第二个原因是接纳"年季奉公人"变得困难。能够作为自耕农事的中坚而依靠的忠实下人，当然最好是"谱第"下人，但也是他们最先离开，有了自己的家，成为条件较为优越的佃农。拥有大量土地、能够不断接纳"门百姓"②的时期，前来"年季奉公"的年轻人还可以为将来离开的那一天而忍耐。但一代代下来，余地渐少，变得只能与单纯指望薪金的被雇佣者缔结相对长时间的合同了，也许在婚事上还能为他们操心，但已经无法赠予住家，保障其生活了。农业的监管变得麻烦，交涉也变得艰难。于是出现了完全不自耕的农家，或者只以自家食用为限度种植些糯米、瓜果等，连主食的稻米也全都依靠佃农的收成。

佃租的约定当然需要接受改变。每年二十五日、插秧期五日的

① "本田"即旧有的田，新开发之外的田。与"新田"相比税负较重，限制较多。
② "门百姓"指住在地主家大门边的"长屋"中，也帮地主打杂的佃农。

"合力"已经变得无用，所以变成以产物缴纳。出租的土地变为获取收入的事业，此时正是其分界线。在直营还盛行的年代，这本来与奉公人的薪水一样，只是以劳动换取报酬的一种形式，而如今却开始要求劳动者支付财物。从理论上说，地主将不再自耕的面积分给一直以来的承包者就行了，但土地已经逐步分给了最后的"年季奉公人"。因此所有"小百姓"①还是如从前一样只有不足维持生活的收获量，而从前去地主家田地劳动的这部分外包工作却减少了。加之早已有之的不知该称为副业还是兼业的工作，也只见缩减不见增多。他们希望佃租能减少，却又没有支持这一要求的足够材料。而只要地方的劳动力市场出现动摇的迹象，佃农中开始出现极少数转业者，马上就会有一些老人将此变化视为衰微的兆头，认为离村就是对农村安宁的损害，予以警戒甚至制止。这样的人无论村落内外都层出不穷。

---

① "小百姓"指只有极少田地的农民。

第七章 佃农问题的前景

一 地租条例引起的小农分裂

我在前面所用的"长百姓"一词，也许让读者感到有些耳生。这是因为他们的境遇随着时代的变迁已经经历过无数次的变化了。既然新近响起了所谓培养自耕农的声音，那么就有必要重新梳理其沿革，思考一下其与佃农相比，将来的希望何在。

曾几何时，他们的确形成了农村社会的中坚。那是占据其首领位置的门阀富豪，突然被置于武士与农民的分歧点而开始苦恼之后的事情。最早放弃战场的功名、立志成为村内良民的，正是这些中流的自耕农家。在"地头"离去或是遭受新领主压迫时，以一种共和制的方式互相选出一年轮替的代表，或是以"总代"①"年寄"②之名管理一村事务的，是他们。而常常以众议为背景，与幕府"代官"的专横、村中"庄屋""肝煎"③的优柔奋力抗争的，也是他们。在利益相关之处，当然会从中涌现爱村之人。

虽然没有长者"大田植"的壮观景象，但他们也会依照各自的身份，率领下人，共同耕作，独立经营。等到分家的风气渐盛，则限定家庭及农场的规模，只以"结"作为唯一的外部劳动力。后来更是将手中的田地细分，于是只有五反八反规模的小自耕农大量增加。其中的本家一开始还有着传统的自负，占据着祭礼或集会中所谓"头名"的席次。但即使是这些，后来也或是让渡或是分割，不久以后人们的记忆也就模糊了。

很多藩国在统计村落人口时，都将"水吞百姓"与"本百姓"④区别对待。在从前的下人受到照顾成为佃农的时代，二者在身份等级上的确不同。但"年季奉公人"大体出自"本百姓"。虽说成了跟随别人家的"控百姓"，但与其他"本百姓"之间的对等关系并没有变化。不

---

① "总代"即总代表。
② "年寄"即长老。
③ "庄屋""肝煎"都是对一村之长的称呼。
④ "本百姓"指日本江户时代向领主（幕府或藩）交纳年贡，被视为村落共同体正式成员的农家。

仅如此，"本百姓"中规模最小者，在贫困状况上与佃农并无不同，只不过是年贡经"地亲"之手上缴还是自己直接上缴的差别，最后都所剩无几，更多场合下反而是心有惴惴的"御直参"①羡慕富足之家的"又者"②。与其说二者能够相互理解对方的境遇，不如说即使认为二者几乎境遇相同也不会有人觉得奇怪。然而，随着地租条例在全国公布，规定年贡必须从售出稻米获得的收入中以现金缴纳后，这两种农民就无法再被视作同一阶级了。他们开始以史无前例的冷漠旁观对方的忧苦，而且在社会上也往往是其中一方被看作问题，而另一方被视为已经解决。将农村分为这两个派别，但却期待他们走向同一种繁荣，当然不可能实现。以三十五年为期，以两成的面积为限，一方减少，一方增多，以此寻求二者的忍耐，这就是最近的所谓自耕农培养方案。

二　佃租与年贡米

在日本佃农制度的历史上，再没有如此激烈的变化了，但不可思议的是，至今还没有人愿意对此一顾。我们的佃租，一般的俗称

---

① "御直参"是江户幕府的"旗本""御家人"的总称，即将军的直属武士。

② "又者"指直属将军、大名之下家臣的武士，从将军、大名看是家臣的家臣，并非直属，所以称"又者"。

是"年贡米"。因为地主本不是收取年贡的人物，所以"年贡米"也只是作为年贡缴纳的稻米的意思。现行的分成交纳法的根底，是所谓"五公五民"等较高的税率。"掟米"的"掟"，是指"规定的地租"。地主早已经废止了自耕，没有将插秧等劳役视作回报的必要，理所当然要将相应部分加入"年贡米"中，因此增加了"込米"①"口米"②等名目。在中国地区的西部，佃租又称为"加征"。"加征"就是"附加征收"，以前的地主所得就是这么一些。如今可以说"只这么点租佃米的话没法租给你"，但以前的很长时期，地主有另外的收入，承包耕作中的土地所产只要能稳妥负担公家的地租便可满意。据我所知，冲绳县的佃农如今还是这一形式，因此不在者除了委托亲戚故旧照管，别无他法，想将田地租给别人而从中获利是毫无希望的。在大分县海部地区的旱地，佃租以公家地租的负担为限度。如果放弃耕作，田地便会荒废，重归山野，因此所有者不得不采取这样免费的形式委托管理。

地租改为现金缴纳后的短暂时期，除了新田，很多地主的想法依然与此接近。让你耕作是一种好意，虽然程度不同，但也是

---

① 交纳年贡米时每袋会多装一升米，以防检验时被认为斤两不足而要求追缴。多装的这部分由农民自己负担，称为"込米"。

② "口米"是近世的杂税之一，指的是在年贡米之外追加的税米。

与将军家分封诸侯同样的恩惠，因此承包者当然处于下风。"年贡米"即使出售付清地租后还有剩余，也是"定率地租"经常会出现的结果，被视作米价低廉之时补偿不足的保险。然而谷价一路上扬，虽然租税数次上涨，附加税也大幅增加，而且新增了所得税，但所谓"年贡米"的过半还是归地主所得，他们也成为最大的米主。土地兼并第一次变成了有利可图的事业，田地的投资者也频频显示出统制米谷市场的野心。都市风气对农村的浸润，此为最大的源头。

佃农最近终于注意到这一事实，以此为理由，多次要求减少"年贡米"的上缴。但必须承认的事实是，历史并没有力量左右现在的合同，以前也许如此，但现在已然不同。如今是有人想租而有人出租，既无隐匿，也无欺瞒。如果觉得租人之地吃亏，那不如自己也去当个所有者，好好从米价飞涨中赚一把吧。这便是政府相信地主们也会赞成的今日的自耕农方案。对于其代价的规定方式和支付方式，我们还有相当的忧虑。而从前曾是友人的自耕小农，如今在这一点上也只是袖手旁观。

三 佃户唯一的弱点

单就史论而言，如果明治初年地租改革之际能够预见到今日的米价，规定佃租应以现金缴纳的话，恐怕现在就不会有这么多人为此痛苦，规模细小的农场也会更加繁荣吧。但这与计算死去婴儿的年龄没什么区别。现在除了制定新的法律强制缴纳现金，或是各自修订自己的合同，别无他法。而单纯改为现金缴纳的方法，一经试行就因为地主认为不如既有的情况有利而遭到抵制，已经无法推进。于是问题在合法的范围内能够如何解决，完全取决于佃农是否能够硬气地说出"那我不租了""我不干了"之类的话，这是再明确不过的常识。但事与愿违，近来的佃农议论之中似乎仍有人主张另有他法，完全不顾及给人错误的希望最终只能带来更深的失望。

日本出现佃农骚动，到今天正好是三十年左右，这期间也经历了种种曲折，如今不能否定的一点是，佃农身上有着必须先行解决的一个弱点。相当于工厂劳资争议中同盟罢工的行动，在农村应当就是土地的联合返还，但实施这样的行动需要资金的支持，而蓄积这种资金的办法现在没有，将来也不容易确立。因为农业的生产周期不可分割，而贫农的力量并不能决定整个过程。以前的"地亲"已经长久与自耕绝缘，他们之中的很多人如今甚至连存放农具的场所都没有，对于土地被退还自然会感到为难。但不幸的是，他们看穿了对手更加脆弱，所以无论财力多么薄弱的小地主，都会倾尽全力，闭城坚守。如果他们能够忍受暂时的损失，从同盟圈外招募新的佃农来耕作田地，那么除非使用暴力，否则完全无法阻止，此前的不满者也许一夜之间就将变为失业者。因为全国各处都充满着对土地的饥渴，无数人为了哪怕小小的机会也会不惜力争。

反抗者知道了土地退还并非良策，于是开始采用拒付或是滞纳的战术。小农其实并不横暴，其证据是经常能看到上缴自己认为合适的量，剩下的大家才约定集体不缴的例子。可惜这样的做法不但无法令对方为难，而且自己在没有履行义务这一点上，与全然拒缴并无不同。闹到公堂会消耗大量的时间与精力，地主们无疑是考虑到这一点才愿意息事宁人、不多计较的。但归根结底这只不过是耐性的比拼，无益于问题的解决，也无法预防今后的纷争，只是加剧了感情的恶化，让未来的光明更加遥遥无期而已。可以说与我们要学习的方法没有丝毫交集。

四 耕作权的先决问题

实际上农村的感情无法一直保持在摩擦、糜烂的状态，而日本人善于放弃的性格，也常常会不喜麻烦，忍受妥协。负责佃农问题的官员的调停也许能够意外地取得成功，并且作为先例促使地方出现新的倾向。个别问题也许可以依靠这样的拉锯来解决，但只要原因尚存，困难不久就将变换形式再度出现，而姑息的处理往往会延误必要的改革。很多时候，问题的正确理解也因此而受阻。深陷当前纷争的人们也许身不由己，但希望旁观的批评家们一定要有所准备，努力让这些实验最终有助于生活共同体的和平发展，要有志于将争斗引向最终的调和。

这是白日做梦，镜花水月，世上有人这样叫嚣。但在我们之前并没有人尝试过。等待哲人横空出世也许只是空想，但只要让我们自己变得更加将心比心，问题就能看到新的曙光。例如，耕作权确认的议论，最近渐渐受到关注。等到地主这方面反过来要求收回土地，佃农为了与之抗争才注意到这一问题的重要性，则为时已晚。自从古代罗马以来，土地的所有者与实际利用者之间存在距离或层级时，社会一定是不幸的。社会的自我治愈能力一直在无意识中拉近二者的距离，希望二者终归一致。但二者一致能够作为制度得到确认，都比实际取得一致晚得多，而且往往是在下一次的不一致又即将出现的时候。以日本为例，耕作者是土地权利的中心，这是数百年来的情况，而在法理上，他们被视为私领内的劳动者。等到时机到来，他们作为所有权的主体得到承认之际，又有新的直接耕作者阶层出现在他们与土地之间。中世时，土地上有着繁杂的若干层次的负担。丰臣氏①以来的法制对之加以整理，终于将生产物区分为年贡和百姓所得这两类，但不久又出现了新种类的附加税得以跻身的空隙。只要农村对土地的饥渴依旧紧迫并且佃租便宜，转租便成为一大诱惑。即使没有所谓佃农中介，也会出现代理运营者，结果只是贪婪者不再做地主了。耕作权好不容易作为权利确立起来，如果只是用来买卖，利益归于放弃耕作者，至少是不利于农业的发展的。如果不能同步设定办法防止这一缺陷，就称不上是健全的改革。

五　防止土地财产化的方法

将完全背道而驰的两个目的同时加于土地之上，是否一开始就是一个错误呢？如果这一怀疑无法洗清，改革的方案就难以确立。

---

① 丰臣氏，此处指丰臣秀吉。

在将土地视为劳动的场所或手段的劳动者看来，土地与器具、机械一样，一定是越便宜越好。但是，今天也有相当多的人视土地为具有稀缺价值的贵重品，希望其所谓垄断性价值越高越好。这两种心情，真是可以相互协调合一，形成一种共同经济利益吗？因为迄今为止的时代总是不得不偏向其中一方，所以对此持怀疑态度也有着充分的理由。于是，以哪一方为主才是正确的道路，便成为第二个问题。

曾几何时，持有土地是积累财富的唯一道路。既然为了奖励荒野开发，尽量降低私田的地租，即"运上"，并允许土地世代继承，那么作为其结果，各地土豪割据，最后颠覆庄园经济之天下，也便理所当然。"庄园"一词虽然原本是指农场，但在土地还有一些剩余所得之时，土地所有者未必需要亲自掌管，而是或分与近亲，或"寄进"①给社寺堂宫，就连妇女儿童、僧尼入道②等与锄锹毫无干系的人，也仰仗其作为游食之资。镰仓幕府的介入，是对土地财产化的一种限制。"地头"当然并非是以农业身份奉公的，但一般居于农村，自己也是耕作集团的首领"亲方"。他们活跃于各地庄园以后，

---

① "寄进"指向贵族或神社寺庙让渡土地所有权。

② 入道指佛教的俗家信徒。

游女龟菊①之类的领主当然不得不屏息收声。后来新旧势力提起诉讼，其结果往往是"下地"的平分②，管理方式也简单化，再加上交通不便，于是京都人在地方上的收益权便在不知不觉中丧失了。

从前的所谓权门势家，几乎丧失了在远方诸国的全部领地，京都于是变得极为委顿颓唐，而这一时代正是地方上物质生活极为充裕的时期。战争的频发，也可以视为其结果之一。之后，德川氏对他们赋以极重的军役，令其不堪士族人数之多，以此作为统御大名、小名势力的手段。而聚居住于城下的武士们，即使对百姓极度压榨，其领地收入也没有可供积累的富余。从上至下，土地一般而言无法财产化，这应该就是江户幕府的方针。既然武士们自己不事稼穑，那么对于他们来说农民的土地也就毫无价值。因此武家的生计总是捉襟见肘，让人不敢恭维。而在农村地区，地主尽量缩小直营的规模，急匆匆地增加承包小农的数量，即使分家势力扩大也不以为意等情况，细思之下，也有这方面的原因。

---

① 龟菊，生卒年不详，镰仓时代前期的游女，后鸟羽上皇的爱妾。
② 也称"下地中分"。镰仓时代中期以后，朝廷所属的庄园领主和将军所属的"地头"之间出现土地纠纷时，多采取一分为二各管理一半的解决方式，这意味着"地头"实际权力的增大。

六　地主的黄金时代

今天也常能耳闻的一种说法，是"那处田是奉上酒三升才有人接下来的"。就算是从前，如果都是这样的田地，农民也不可能生活得下去。但大体而言，能卖出好价钱的"本田"很少。良田与劣田的差别，与其说在于收获量的高低，不如说取决于完税后剩余量的多寡。明确界线、分别持有、长期经营后，便会产生负担上的极大差别。这一情况到了极端，农民便会放弃田地，连夜外逃。各村对这种情况的善后都很头疼，很多地方会采取"替地"①（换地）、"车地"②（轮耕）等方式，以求劳苦均分。

不公平的主要原因并非自然要素，也并非"绳入"③（测量）、"水账"④（记录）中的误差。最多的是所谓"切亩步抵押"的情况，如将三反田分为两反和一反两个部分，以各负担一半年贡为约定，将面积较大的部分抵押出去，这是一种深具农民特色的甚为勉强的

---

① "替地"指交换土地，日本古代、中世也称为"相博"。
② "车地"应是轮流耕种之意。
③ "绳入"也称"竿入""竿打""绳打"，指土地测量。
④ "水账"指测量确定后的土地总账，一般以村为单位制作。

融资方法。其次是称为"赖纳"或"半赖纳"的形式，即相邻两块田，其中一块的年贡由另外一块负担，一般也伴随金钱的约定，作为一种获取资金的方式而被利用。不管是哪种情况，都被认为是导致农家困顿的原因，法令均严加禁止，但这也反过来说明了其广泛的程度。能挣得家产的一家之主，精打细算，只挑选那些划算的田地加以收购，也将这一部分单挑出来让给自己喜爱的小儿子。与商人地主在新田的情况一样，传统的农村中也渐渐出现以盈利为目的的田地租借，这便是其原因。虽然还是同一个农家同一个户主，但这种情况下他们对土地的观念已经是第二种形式了。

与之相矛盾的是德川时代一贯致力于防止农地的财产化，并且其方法极为粗暴，就是将年贡的标准几乎设定在百姓的饥饿点上。明治的地租改革，推翻了之前的"地押"①、"检注"②（土地调查），重新加以测量。不但重新丈量各块田地的面积，而且按其固有的生产力规定地价，完全无视此前的"取帐"③（调查结果）。于是从前免费收下的那种最不划算的土地首先引起注意而减轻了地租，给其所

---

① "地押"也称"地诘"，是江户时代一种简略的土地调查，土地的品级、产量照旧，只重新确认土地面积。

② "检注"是日本古代后期到中世的用语，指对庄园公领的土地测量。

③ "取帐"即"检注帐"，记录"检注"结果的土地总账。

有者以相应获利的印象。"地价"一词已经让人联想到了出售，地券①则提供了便捷的方法。而买卖时的地价水平，从一开始就并不是依据券面价格的。

明治五年、六年②时的米价，一石最贵为六日元左右，稍微偏僻一些的地方大多为三四日元。之后日益受中央市场的影响而反应敏感，在西南战争③后的纸币增发时代，价格就已经翻了一番。那之后更经历了数次剧烈变化，再也未能回到当年的水平，价格一路上涨，以至于今天有人扬言其生产成本就已高达二十多日元。为什么米的生产成本如此之高？因为地价高。为什么地价如此之高？因为米价高。这成了一个恶性循环。实际上土地财产化就是如此容易令人上瘾，本只是两代人的事，却让人产生似乎百代以前便是富豪的感觉。国家财富的增长，无论过去还是未来，都有着可以让多数人幸福的力量。地主们如今是福运当道，但在此之前，他们抽到的是下下签，甚至比今天的佃农们还要不幸。下一步我们一定要好好计划，让此好运能够带来农村全体的幸福。

---

① 地券是日本明治时代由政府发行的证明土地所有权的证券。

② 明治五年、六年即 1872 年、1873 年。

③ 西南战争指 1877 年现在的熊本县、宫崎县、大分县、鹿儿岛县等地区以西乡隆盛（1828—1877）为盟主发起的士族武装叛乱，是明治初期士族叛乱中规模最大的一次。

七　败在地价论前的人们

日本国民的盲从，常常使得他们把现有的经济学说视为金科玉律，甚至舍弃与之难以两立的自身的实际体验。而近代的舶来理论，大都是都市的产物、商人的经典，如果不加以考察，就难以运用于农村的实际。价值论的根本在其理论产生之处都还尚未固定，只将其混合液上部半透明的部分拿到日本，生搬硬套攒出一个所谓土地学说，实在是浅陋之至。土地交换价值的计算基础，农民最了解其实际，最有发言资格。收获、纳税后还有一些剩余，才能在土地所有者较为稳定的前提下产生价值。无论所谓劳力成本和土地改良投资有多高，只要年贡高得离谱，其土地的交换价值就是零。

关于劳动力成本的本质及其恩惠可以世代传承的根据，自有他人长篇累牍的论述，在此我便不再赘言了。而另一方面的土地改良资本是实际问题，新近主张耕作权的人也对此多有论及，我便多说几句。我们准备对耕地付出的劳苦不同于专利或发明，并非是孤立的东西。新田开发是艰苦的事业，需要坚忍不拔的精神，但如果不曾获得政府的补助，那么"锹下年期"①（免税期）相应会较长，成功也便是一种丰厚的回报，如同开发者为劳力准备好了饮食，社会也为开发者准备好了回报的方法。近来，耕地整理、灌溉排水工程等长期才能见效的事业，都有公共的参与。但农民不会认为松土、施肥、除草只是一季的工作，而修补田埂、疏浚水沟、整饬石垣则是长久的改良，将二者加以区分。特别是将施肥后的长期效果与都市中出租房屋时附带设备同样看待，完全是纸上谈兵时才可能出现的想法。

　　直到现在，也还有不少人认为日本是土地最为肥沃的国度，但其实对肥料有着如此大量需求的国度才真是少见。一千五百年来的瑞穗之地②，又有如此丰富的流水将地表的肥分溶解注入，如今虽然无人掠夺，但土地的养分却已被吸干，只剩一片贫瘠。另一方面，一块块土地的形状及其相互配合，以及其他所谓物理条件，在很多古田中已经完备得如同精巧的机器，这也并非两三代人的苦心就能够留下的结果。无论是好的地方还是不好的地方，土地直接耕作者长年累月肉眼不可见的共同努力，造就了今天的现状。如果允

---

　　①　"锹下年期"指日本江户时代从新田开发完毕之后到作为村的产量登记在案之前的一段时期，这一时期免交年贡。
　　②　"瑞穗国"是日本的美称。

许那些放弃了农作的人将能够计算的部分统统拿去，也许今后制度与环境改善的利益将悉数归于都市，农业终将成为贫民的巢穴吧。既然称为耕作权，那么就应该是为了耕作的权利，是不耕作即应丧失的权利。连如此浅显的道理都不明白，如今才会是张三饮酒李四上头。

八　土地市价的将来

针对政府培养自耕农的方案，农民组合的反对理由很好理解。他们绝非为了避免佃农同胞数量减少、团体威力下降而不希望方案取得成功。如果他们真有这样的动机，正像求雨比争水要和平一些一样，第三方的多数应该会支持自耕农方案的实现。国家资助个人私营经济的情况难得一见，佃农们正迎来千载难逢的机会，而从中阻挠的却正是他们的组合，乍一看似乎非常不合情理。但因为存在对方案的怀疑，担心实际利益的归属是佃农之外的人，所谓保护的目的也在于此，所以希望大家至少能够暂且静观形势的发展。

更具体地说，佃租地的买卖价格正在逐步降低，预计将来还会明显下跌，而且也有人主张必须如此。因此从逻辑上没法说现在是购入土地成为自耕农的良机。无论贷款利息多么低，并且其三分之一将由政府代付，本金居高不下这一情况并无变化。现在一反四百日元的田地，如果将来会降到两百甚至一百，现在就匆忙购入显然不是聪明的做法。然而地价真能如同农民组合要求的那样大幅度下降吗？目前农林省公布的评估方法，从地主的角度来看完全就是赖账不还，也许有人会说是过于偏袒买方了。但这种计算方法的基础是现在的安全率，没有考虑将来不可预测的变化。例如，没有人能预料会通过关于佃农的法律，其中规定每反的佃租不得超过十五日元。而认为佃农拥有各种劳动机会，佃租超过一反十日元就会无人问津的时代还遥遥无期的人，正为早日实现这一法案而奔走。认为日本小农的未来一片黑暗，深信他们将陷入永远贫困的人拿出的所谓振兴方案，到底有多大的价值呢？

为了不让这样不吉利的想象变为现实，我们还有不少值得尝试的方法。其中一个就是将对土地价格的理解引向正确的方向。确实有些情况可以将高地价视为农村繁荣的结果，但相反的情况也为数不少。少数并不从事农业的人、都市人或者会社拥有土地，能够以较高的价钱出售，这完全无助于增进实际耕作者的幸福和满足，反而经常产生负面的效果。佃租极高，耕作者所得部分极少，土地价格反而最高，也许今天的日本会永远作为这样的反面事例而被后人引用。其结果是无数人成为牺牲品，而都市方面对此心知肚明却还美其名曰好景气，实在是缺乏同情。如果居住于农村的人也为此欢欣鼓舞，将其视为繁荣的体现，那么这种鼠目寸光也真叫人羞愧，简直无地自容。

九　举国一致的谬误

地价的高涨有时可以成为农村繁荣的反映，但我国并非是这样的情况。即使是前者，也绝不可能成为农业繁荣的原因。其道理之简单，几乎无须说明，因为以贵为喜是出售者的心态。如果是自耕农，那么需要在洗手不干之际才能品尝到这种新的恩惠。在祖祖辈辈世代相传的土地上埋首耕种者自不必说，就是新近以低价购入土地的地主，只要不出售，地价变化就与他们完全无关。也许有人会高兴地认为，田地卖了高价，产物也可以高价卖出，那么也算是一件好事。但这是颠倒了因果，只要想想就知道，就算我们齐心协力买下了定价千元的田地，也断然不会有人因此就会高价购买我们的产品。其他原因造成米价上涨，便会立即带动地价上涨，于是就会出现地价再次下跌时品尝痛苦的人。

对于希望重新尝试务农的人来说，没有比这更大的障碍了。在所谓好景气的顶点购入的田地，无论经营怎样的农业，都只有亏损这一个结果。倾慕于从前田园牧歌时代拥有土地的快乐，以寻宝之心求得土地的人另当别论，精打细算经营农业之人，一定有着不得不死心断念的底线。如今的现状早已超过了这一限度，对前面提到的农林省评估方法的诸多不满之声，便是一个证明。

自耕农培养方案的令人痛苦的缺陷，在于由自耕农转为佃农的户数逐年增加。地价高昂时放弃农业的诱惑会更大，自耕农转为佃农的倾向也会增强。即使是在信用组合普及以后，小农们实践新的耕作方法所需的资本，还是只能以土地交换，此外别无他法。近来增加的佃农，大多与从前"切亩步抵押"的那些人一样，执着于农业，但是除了放弃土地，没有其他融资的渠道。如果不是他们成为土地兼并者的饵食，恐怕农业会更早碰壁。在否认地价下跌将带来利益的意见中，不少人的理由是这样会降低担保能力。以劝业银行、农工银行为首的此种农业金融，充满种种怪相。其合同中与农业有关的只有担保物这一项，贷款的实际用途往往在农业之外。如果是这样的担保，也许能力越小农业反而越安全。我们还看不到任何值得因其增加而高兴的理由。

一〇　农民组合的烦恼

即使并非农民组合的成员，也有更多人承认今日这般的农地财产化对农民的幸福有害无益。在不动摇私有制度这一根本前提下，还有不少能够改善这一状态的方法。如今政府即使面对不过是助长了地主的东山再起这一怀疑，也仍然坚持推进的自耕农化，便是一例。土地是耕作者应该拥有的东西，理解这一点不需要任何教育，而是自然的知识，但因为以下两个原因的出现而受到了阻碍。其一是地主没有能力耕作，其中虽然有着继承等复杂的事由，但最初的缘起是出于贪念而占有了过多的土地。其二是农村自立心的减退，即若干自信不足、心下不安的人，积极引进外部的保护，从而扰乱了内部的共同利益。如果不着手处理这两处病灶，即使能够通过政策催生少量的自耕农户，也只能是杯水车薪。

政府相信，不管方法、数量、形式，只要培育出自耕农便可，这自然是错误的。同样，如果组合总是将打压地主视为成功，这也是毫无前途的我执。从现在的形势看，不能自耕的土地所有者是弱者，尤其是所谓财产只有那两三町土地，想干也没法干的人，不如说是值得同情的候补贫民。以他们为敌展开大战，是对原则的误解，其结果也只能是让农村的空气变得污浊，而无法令小农的前途变得光明。我们想象极端的情况，即使所有的年贡米全部得到免除，取得胜利后的佃农们的生活，也只能达到尚有欠款的自耕农中最低的水平，那么是否能说达到了农民组合的目的呢？在都市辛苦劳动的人，无一例外都是一年要工作三百日以上；只有较少的工作可做，被视同失业，是他们最担忧的情况。没有理由只有小农可以固守最狭义的农场，在此尽力劳动便可。无论多么巧妙地搭配组合，最少需要有一町，一般而言需要有一町五反的土地，才可能以农业支撑一家平均五口人的生活，这在很久以前便已经是常识。今日的佃农只会需要更多的土地，不可能只凭借一半的面积即可做到。土地面积不够，于是生计十分艰苦。然而只见要求减轻佃租的运动高涨，还不见有人提出希望能增加劳动的要求。这是因为如今承包竞争已是十分激烈，同盟的步调容易紊乱，如果再提出这样的要求，反而会让对方看破自己的底线。这是如今最令农民组合烦心的未解决课题。当然他们并不是不承认为了佃农的真正安全需要扩大劳动面积，但是不客气地说，这样的要求意味着组合成员将会至少减半，因此如果不是自发协力并且内部有着强有力指导者的组合，就绝不敢轻易触碰这一点。

第八章　无人指导的合作精神

一　两种团结方法

　　社会上依然有人将穷人变得傲慢视为组合的弊病之一，但这实在是大错特错。如果傲慢是指不受欢迎的社交方式，那么本不应该根据身份或境遇有所区别。尤其是最近批评似乎只是针对这些家伙，认为他们沉溺于恶德之中，这只不过如同山阴融雪较慢一样，是因为此前未曾为人重视，于是显得较为突出而已。经过五十年来的平等教育，众多常民的精神早已变得坚定不移。如今唯有佃农还感觉有必要特意表明自己的坚定，这说明他们的心里其实还只有一半的踏实。正因如此，有必要肯定他们对自己地位的自觉，以及促进这种自觉形成的组合的力量。

　　日本小农的地位难以提高，并非只是因为其欲望没有觉醒。也因为此前形成这种新种类组合的机会过少，他们对自己及自己的力量知之甚少，难以发挥其作用。特别是佃农来自四面八方，难以自发形成团结。村落自然是强有力的共同体，村内一致的牢固有时甚至超过了必要的程度，但其方式是以固有的巨大力量将新加入者卷入其中，其内部的分子并不平等，新加入者也只能处于中心之外。东方各民族的一个特色就是，人从一开始就有各自固定的作用，并以此加入团体生活中。这一习俗在我国也是历史久远，至今未衰。从前称为"身份""格式"①，最近用"贯目"②"人格"等含义模糊的词语来称呼。将来成为会长、理事等的人选早已基本确定，只是招募最为顺从无为的会员。所谓众智，未必可以预估，但在体谅与信赖的相互作用下，至少在对外时可以统一群体的威力。如今匆忙形成的联合因为存在很多勉强之处，所以会因同伴间的小小裂痕而无数次地损毁或是消失，而村落自古以来的结合之中，的确有一种极为精妙的调和，只是近来由于利害关系的分离日益显著，已经难以长久保持组织的单纯了。

上面新旧两种状态的对抗，在中国所谓"合纵连横"的时代也曾

---

① "格式"指家的地位以及符合这一地位的礼仪做派。
② "贯目"本是重量的意思，转为人具有的威严、气度。

出现过。"连横"指排成一行向前，是基于平等主义的结合。本来应该强调较广地区的共同利益，但实际上万人通用的合适情况并不容易找到。于是，简单的标语容易流于抽象，尖锐的理论则大都与眼前的生活苦恼无关，只是悦耳的空谈罢了。一味否定秩序却并无新的方案，可以说是反动期值得同情的混乱带来的结果。加之今天的团结方法还残留着很多前代合纵式指导的癖好，于是取得成绩更是难上加难。

二　组合与生活改良

因此，出现了一处村落中数十种组合并存，各自支持其干部与事务员的奇观。除非组合会员抱有旧式的雷同主义，只用随波逐流、因循前人便能感觉心安，不然是绝不可能将自己有限的力量分配到如此众多的目的中去。而且从最终目的来看，有些是即使只视为手段也难以两立的。至少其中一方属于重复无用的情况，本来只需略加想象便不难知晓，但大家却完全缺乏验证的念头。

组合原本出现于都市。在都市复杂的群众之间，无法期待全体的合纵式前进，因此一部分利益需要制订计划，依靠协力贯彻志向。

虽然我国的村落偶尔也有采用这一称呼将"五人组"①称为"组合"的，但一直到进入明治时代，在此名称下劝导养蚕户等同业者互相结合为止，对于多数村民而言组合都还只是颇为耳生的词语。但不知为何，经过短短三四十年的时间，如今如果单说组合，反而是指居住于农村并且企图改造古来的统一方法的人了。大家曾担心佃农的结合能力，如今已经充分证明了这种担心是错误的，他们甚至进一步对组合显示出了新的兴趣。在数量上，都市的劳动者早已不得不甘拜下风，有朝一日在计划与方法上，也会有很多值得向青出于蓝的他们学习吧。

但不幸的是，目前除了混乱，暂时一无所获。生活改良，正成为希望抵抗组合的人们手中的小小武器。将暂时的妥协误认为是长期稳定状态，这一风气依然盛行。如果我们艰苦的社会运动的主要目的就是同时保证双方，那就应该尽早结束这上演了一半的闹剧，致力于开辟前行的坦途。弄清常年同居一乡、共同生活的人为何会反目而争，比反目争斗本身重要得多。比起各种组合的小小成功，更为重要的是知道我们的弱点到底何在，以便将来凭借素养与实践去弥补。这一事业并不特别困难，不轻易接受他人之说的人对此早

---

① "五人组"是江户时代在领主命令之下组织的邻保制度，一般在农民、町人之间按相邻五户为一组的原则组织，也称作"五人与""五人组合"。

有所知。我们的判断能够变得自由，而只有对此觉得麻烦的人才会弃自己心中的疑问于不顾，甘心跟从前人的脚步。"组合"这一名称虽新，但其实质不过是工蚁、工蜂的兵卒式生活。既然古来的结合方法值得推崇，其中自然而然发展起来的町村就是最为协调也最为周密的。如今众多的组合即使全部合而为一，也难以取而代之。

三　偏颇的产业组合

在众多组合之中，产业组合有着较为广泛的目的，因此不但在小地区内可以独立制订符合当地情况的计划，而且困难者都能加入其中。有识之士当初对之期待很高，而经过三十年的普及，更是超过了他们的预想。唯一令人尚难满意的，是实际能够利用这一机构的人很早就经过了筛选。而在村落之中，创立者即使富有热情，也难以忍耐经营的繁杂与风险而令其恩惠及于那些贫穷孤立之人，而正是这些人，才是组合原本最应该发挥出其功效的阶级。其原因一言以蔽之，是组合出自"旦那众"①的想法。而且既然组织的基础是

_____

①　"旦那"即"檀那"，原指向寺院布施的人。"旦那众"指家境富裕、社会地位较高的人。

平等互助的原则，那么自然是条件近似之人容易结合，于是其自我保护的界限也日益变得明确。

村落此前的统一反而因这种结合而被切断。产业组合的事业，本来没有任何难以适用于佃农的地方，法令的主旨不如说是在内部发现共同的生活余地，减少贫富之间的差别。既没有能力拢聚存款而成为金融界的一股势力，又没有能力凭借销售采购的合作获得对国内配给机构的发言权，因而不得不在对中央市场的形势一无所知的情况下艰难地从事生产，这些被时代抛弃的人只能另外尝试别种的团结。因为初期的指导偏向一方，如今形成这样的形势，实在遗憾。但幸运的是，即使在这种情况下，农村固有的力量也依旧悄然发挥着巨大的作用。产业组合与其他各种组合一样，名为组合，实际上是为数不多的有志者在官府的严密监督之下能够实现善意独裁的团体。其总会在董事们的预定事项之外无法决议任何事项，组合成员早已委托了所有权利，只是跟随前来而已。虽然难免因态度冷淡而受到非难，但多数村民只不过将组合看作不做坏事的会社，还没有生出依仗组合的力量，宁可破坏村内的交际，也要与外部抗争到底的念头。

从农村今后的发展来看，这算是一个值得期待的未知数。现在缺乏兴趣的后进成员，不久即将感受到组合的便利，拿出一部分力量，去尝试进一步扩展事业。到那个时候人们就一定会颇为惊讶地发现，迄今为止共同生活于学校、青年团、兵营，培养了共同感受的人还有一部分在此恩惠之外。从未经历过贫困的幸福者，在他们之中并不多见。以帮助他们脱贫为功绩的产业组合，却将极度贫困者排除在外，其不合理之处将显而易见。而随着与都市之间来往更加频繁，人们也自然会重新认识到村落经济组织的重要长处，即相互的熟知与信任以及人数上的优势，承认此过程若被切断，将十分不便也甚为不利。

四　偏颇的农民组合

社会对农民组合的未来能够寄予同样甚至更大的期待。农民组合近来羽翼渐丰，已经开始以全国同盟之名开展政治上的活动了。无论内外，没有人会认为这就是其成长的终点。今后的巨大发展甚至可能会让如今高举的旗帜也变得寒酸不堪而被悄悄收起，也许在其内部的人反而难以如此预言。当然，组合的出发点是佃农的新主张，这一点与产业组合以所谓中产者为基础相比，理由更为充分。但二者的担忧是同样的：如果执着于这一最初阶段的目的，那么不久组合就将变得不仅无用甚至碍事了。因为绝不应该让佃农永远在现在这样悲惨的境况下挣扎奋斗。

幸运的是，我们的农民组合，至少在其名称上还有巨大的发展余地。日本农民的另一半，是世界上绝无仅有的零散小自耕农。除了极少的例外，如果不对现在的经营方式加以若干改革，便难以保证永远的安泰。无论本人是否希望，每年他们中都有一部分人成为佃农，或是弃农离村。根据报道，耕地背负着债务，事实上与佃农并无差别者也不在少数。这样的自耕农也应该成为救援的目标，更不能说只要让佃农过上与之相似的生活就算完成任务了，对此农民组合自己也早已承认了吧。并且现在凭借组合成员的一致能够做到的事情，其范围也已经大致清楚。我们预想今后团结的面貌会有大变化，其理由正在于此。

关于佃农的分布，还有待学者的研究。以前主要在新田开发，即所谓商人地主盘踞之地，才能够发现佃农规模较大的村落。后来放弃自耕的中流地主逐渐增多，如今反而是因特殊理由未兴起佃农的地方，需要奔走各处仔细搜寻了。就整体而言，佃农与自耕农二者各半、交混一处的村落应该最多。今天其共同利益也多，无论什么情况，二者之间都未出现对立、对抗的趋势。农民组合反对培养自耕农计划的态度，虽然不会带来他们对自耕农缺乏同情的推论，但在这样的村落首先挑选组合成员，设立只有佃农参加的组合，无疑是过于武断的决定，至少居于村中的人在平静的思考之下无法想出这样的计划。也就是说，这种组合的目的从一开始就是不自然并且狭隘的。

五　组合不过是手段

以战斗为宗旨的组合，非常容易成为少数领导多数的组织。我们为日本的农民组合感到可惜的是，因为一时的精力集中，反而失去了各种组合的机会，不仅如此，还使得对于将来的农村生活最为重要的"组合精神"，尚在萌芽阶段便被摘除。复杂的农民心理及其培养形成的制度习惯，应该仔仔细细地凭借当地人自己的双手得以保存。在佃农争议已经不存的村落，也有许多不应消失的东西正在消失。只在农业劳动上追寻以前的方式，却无视相关的土地及劳动条件都已发生了剧变，这样的事例不少。但最为孤立不安的，还是依赖与外部的联系、在内割据于一隅的佃农。他们的组合有责任为了他们的前途，摸索出新的方法。

如果现在的力量无法顾及今后，就应该解散今天的组合，重新创建出能够取而代之的组织。农村近来的动摇，是因为此前相互联系的东西都被打散，而仅仅恢复原状已经不够，需要居民齐心协力处理的其他问题也已经出现在眼前，要求进行解决了。可以说这方面的原因更为重要。地主与佃农关系突然恶化,佃农高声指责佃租过高,并非因为突发事件。正如我们无法主张贫困是自古有之而装作若无其事,如果说时势改变了农村的风气,那么一定是出现了我们尚未察觉的缝隙,社会已经变得与之前不一样了。"都是因为人变聪明了",这样概括性的说明也许让很多人觉得恍然大悟,但事情并非如此。

不可能人变聪明而生存却变得困难了。人变聪明了,但社会的变化已经超过了智虑的变化,问题应该是由此而起。即使并非如此,如果不仔细审察这一变化,也难以找到正确的解决方法,让今日无数人想得知的农村衰颓的真相得到大致的解释,也能在此基础上对应该如何处理才会有更美好的未来展开想象。如果确是如此,那么这一工作无疑比眼前佃农纷争的解决更为重要。如果农民组合做不到,不妨结成别的组合,如果也难以奏效,就再尝试别的团结方式。总之要立即着手探讨,组合只不过是一种手段,而目的永远比手段重要得多。

六 希望农民孤立的阶级

组合的新倾向,是逐步向共同经济发展,其影响从各个生产行为的一致逐步波及对生计整体的支持。这在日本的农村是极为自然的变化。对此感到吃惊的人，要么是过于我行我素的任性者，要么是对迄今为止的漫长沿革置若罔闻的冷漠的旁观者。现在对共产思想的探究严重不足。过于粗暴，陷人于苦境而且完全不可能实现的事情如果只是一种主张，当然略有冒失也无妨，但如果因此而将我们的国民正是通过村落的互助才终于在漫长的岁月之中生存下来这一事实也称为谎言，那么这样的态度既无良心也缺乏同情。

农业现场的组织，无法以独立分离的工作来维持。无论是多么人智未开的时代，如果像今天这样将小规模的劳动者置于孤立无援的境地，农村凋敝之声恐怕都会响彻于耳吧。某人的个人计划实实在在取得成功，使得村落开始动摇。而当其混乱到了无法解决的状态，村民的气质便为之一变，开始讥笑和平状态的邻村，或是盘算如何对其不知变通和轻信他人加以利用了。所谓浇季①论者对昨日过于尊崇，但如此显著的世风之变绝非一日之功。过去也与今日一样，认为现状更为有利的人占主流，如果仅仅是恢复原状，就没有意愿去找寻其他方法。方法的巧拙另当别论，将希望放在今后局面的展开上，可以视为时代的一种进步。新近赋予人们的个人自由，应该善用于取舍选择上，这是理所当然，也是时代的需要。组合这种新组织，的确

---

① 浇季指世风日下的末世。

是对症下药的一种措施，但因为其目的过于狭隘，而且承认旧式的指导者的独裁，所以在村落，组合间的冲突比在都市更为激烈，组合的弱点也显著地体现出来。当初希望让统一成为唯一力量的人，却不得不亲自验证农村不适合割据，这也是一种讽刺。

这一实验将来能够对改良一国的政治有所助益，但这一点无须我在此主张。总而言之，口头上代表民意，但其实只是寥寥几个中心人物的判断，或是因为同化并追随的风气依旧盛行，于是内部争取多数的较量常常滋生阴谋，而对外则不得不坚持毫无意义的战斗，靠兴奋维系人心。在农村，这种因长期的被领导生活驯化而形成的习性更为严重，但如果情况合适，也能够更早地注意到其弊害。作为必要的练习，立志他日为国奋斗的人应该利用如今的机会好好思考这一问题。

七　前代的共同生产

村落协同最古老的形式，如今还在劳动力的融通上保留着众所周知的痕迹。"yui（结）"在近世的农业中须以大致同量的劳动来偿还，但彼此的家庭与土地有大小之差时，其计算绝非易事。以前的计算大致以食物供给为主，在秋季也会分配一些生产物。有的家庭在小正月①这一天设宴邀请这一年的"田人"共享节日的酒食，原本也许是契约的一种方式。八月朔日被称为"tanomu"节，有着交换食物以外的礼品的习惯，对此还无法做出详细的说明，但毫无疑问应与农事相关。这一名称与表示信用组合之意的古语"tanomoshi"语源相同，应该也是"yui"制度的一部分。

"yui"自古写作"团结"的"结"字，其范围不限于农耕作业。这一制度保存最为完整的是拖网渔业，其捕获物在岸滩上分配完毕之前，不属于任何人私有。现在对此使用"yui"一词的例子尚未发现，但"yuhi（由比）""ta yui（手结）"这样的地名在全国为数众多，都是适于从事此种协同作业的广阔的岸边。海草等其他漂流物本来归捡拾者所有也没有任何问题，但今天仍有不少遵循同一约定统一分配的例子。狩猎中捕获的大型野兽也都是按照这一方法分配，表示这一意义的"karikura"一词自古为人所知。虽然技术与勇气各有差别，但人们按照各自的能力服从分配，协同作业，取得成果时所有参加者无一遗漏地参与分配。九州南部称分配的量为"tamasu"。当然个人的运气与才能也受到承认，对此有着特别的报酬，但因为猎物只有一只，而参与其中的力量众多，所以

① 小正月指农历正月十五日。

从一开始便不承认其私有。

这一共有的状态称为"moai"。农业方面，我认为"yui"原本不仅仅出现在插秧的日子，而且应该是在协力收割之后才会决定分配的问题。但土地的私人占有历史悠久，劳动场所的价值也得到强烈的承认，主人与帮手这一主从关系首先出现，加之生产周期较长，于是"yui"慢慢变得只集中于插秧时节，从事后分配变为提前支付，于是与按日计酬的工人的差别也就模糊不清了。随着耕地不足的小农增多，原本有限的共同生产也被认为没有必要，至少村外的观察者们都认为，即使只有山上的一间小屋，也能够从事农业了。但这只是家庭平稳无事的情况，只要出现哪怕一处故障，其运转马上就会停止。近来出现的例子是现役军人家庭，传统的例子是户主长年在外或是夫丧子幼的情况，这些如果交由个人主义的经营，农家的生计将在一夜之间分崩离析。而因为居住权无法轻易剥夺，村落生计的杂乱也大都由此而起。这是新的组合需要认真应对的一个难点。

八　山川薮泽之利

此外，山野杂地的利用方法，也已将固有的共产制度打破并弃之不顾。只有妇孺和老人的家庭，曾经也能够勉强保持家业，但其力量同时从两个方面被逐渐削弱。无法在插秧、脱粒的日子偿还劳力，拾取落穗也不被允许时，寡妇等的生计容易变得根基浅薄。以前能够忍耐羞耻勉强为生的唯一去处，就是山林。凶年之时会举村搜求山野之物，这一略显高调的"入会权"①（共有权）的利用，是支撑诸多"古田之村"的重要力量。共有地是众多生活困难者的劳动场所，但行政却冷酷干涉并粗暴推进了对之的整理和分割。最初被滥用的是开垦权，大体上是以供食于民为名，将条件较好的土地编入财力雄厚者的所有地中，这也算是古来的传统。贫困者曾被允许按每一轮收成耕作的"烧田""轮作田"也在此类，因为山地年贡较低，不用期待用尽所有的地力，所以任何人都可以独力播种、收获。这一可能性不复存在后，慈善和救助便成了必要。

其次出现的是"御立山""村立山"，即官方及民间的造林事业。或许最初增加劳动机会也曾是其目的之一，但后来往往是征调了过多的劳力。只要还是共有财产，无论形式怎样变化都是可以接受的，但其利益却常常并未均分。出售山林所产的收入充作村费时，交税多的人减轻的负担更多。而无法以杂木充当肥料因而需要另行

①　"入会权"指共同拥有山林、原野、土地的村落共同体成员在伐木、割草、采蘑菇等共同利用时的权力。设定了"入会权"的土地称为"入会地"。

购买之时，却不可能因为家贫就少付钱。其他如燃料或是家具等的材料，拿不出钱的人多出劳力以免除费用的路也被堵死，劳动的机会在这方面也受到了限制。

最后，这种分割实际上并非均等，如今这是大家都承认的。土地的价值，要经过等待才能显露。有能力持有者和没能力持有者之间，哪怕是通过抽签分得了同样的面积，也决不能说是公平的。不到三年时间土地就会聚集到两三人手中，之后允许利用便成了一种恩惠，而且颇不情愿，只允许利用很少一点。如果有其他人接手，更是会立即拉起绳索圈示范围，违反便算作侵入之罪，长年的"moai"也就白白地消失了。村落整体拥有的山野，只是在民法上视为共有，但并非共同的私有物。生活中没有人认为其属于自己，这一点才是加强村落内结合的真正力量。铺设屋顶的茅草二十年一次、修建房屋的柱子五十年一度，各家大致能够按顺序取用，才能够通过村民互助解决居住问题。当然"yui"制度在这一场合也起着作用。只不过如今的利用者之外的大多数人感觉于己无益，于是分割便容易成为话题，但这绝无法成为对迄今为止的共同生活的正确结算。

九　土地的公共管理

非常不幸，我还不知该如何解释农村的故老们执着于古制的理由。而且为了保持一致，常常需要施加难以忍受的强压，于是反抗的风气也加快了其崩溃的速度。不知不觉中已经产生了毁坏，作为善后之策，现在的组合运动着手之快颇令人意外。如今还为时未晚，在众多生产过程的共同处理方法中，反而能够发现适合新时代的技术。今后还希望从一开始就能让组合成员理解事业的意义，不会轻易在没有替代品的情况下舍弃迄今为止的所有，要计划并取得比保存古制更大的进步。为此，并不需要烦琐的培训。只需要让他们知道，今天这样规模过小的农民是不可能以现状发展繁盛下去的，这一点十分重要。

从三十年前开始，前辈们就几乎承认了组合这项事业，但无所行动，一味忧心农村之衰颓，实在是空虚的同情。因此，只能是身处问题之中的当事人自己来寻找脱困的办法。农民组合的未来特别值得期待，也正在于此。他们第二阶段的经验，应该是无论怎样试图达到理想的分配状态，都无法回避生产总额的低下，一年的勤勉努力却有一半无施展之处吧。如果想回避这种慢性失业，则需要早早地分解家庭，将儿子遣往都市，将女儿送去工厂。希望村中能新增适当职业的人，绝不都是农业的背叛者。判断兼营、副业、分工等的可否与优劣之前，需要先考虑农地能够自立的规模，以及如何才能将耕地分配给适任者。田地不足但各家都希望耕作，那么即使不情愿也需要引进第二种职业。其比例过大，以致出现一些冷淡以待的农民，也是不得已。的确，纯农、精农乃国家之宝，列岛帝国能有三千年的稳定也主要归功于他们，但作为条件，首先需要给予其独立。农村如果希望今后也能继续以农家为中心实现共同繁荣，首先必须自己思考这一农地的分配问题。

土地的公共管理，在日本的农村并非不可实现的梦想。在田地如同金银财宝一样被深藏固守的时代，也还有其他杂地供公共使用，直到最后被毫不吝惜地细碎分割。村与村之间会因寸土而起争执，而不少村落为了调节劳动力，对内一直坚持着"割替"①的方式。非常幸运，耕作者放弃耕作只靠提成生活的时期还很短暂。对于将土地的收益分配给非农业者的痛苦，也已经有了实际体验。对所谓"不在地主"②的所有地，事实上村民能够行使优先购买权。如

---

① "割替"指土地的重新分配。
② "不在地主"指拥有土地的所有权，但自己并不居住于农村的地主。

果决心不让田地落入别村之手，协力将之取回也并不困难。自耕农的创立和维持，在国家层面十分困难，但在村落，稍加忍耐还有可能实现。如果一味非难地主的不劳所得，却对耕作权的利益被外部夺走毫无察觉；口口声声期待农民的独立，但却将其农地无限细分，令更多人带着土地的枷锁逡巡于都市与农村之间，那么无论花多长时间，也许都无法解决问题。

一〇　地租委任的意义

要让土地除了农业从业者之外即使持有也没有任何意义，这样的议论早已有之。确实，农作如果有剩余所得，就会成为股票的利益或不耕作者的收入。佃租权也是一样，地主如果宽大无欲，其下一定会出现"二房东"。但是在今天的自由财产制度下，防止土地财产化的手段并不多。最简单的办法是收税，正是旧藩时代的代官或是奉行①曾对此严加执行，如今很多田地才能够免费到手。但这对农民并无任何可贵之处，正如今天佃农没法向地主道谢。也有乐观

---

①　奉行是武家政权的行政官职名。江户时代在中央及远国设置了数十个奉行职务。

的意见认为，如果以这一种税金就能满足国家财政的需要，让全社会的生活变得富裕，那么农民也能间接从中获益。但要维持农村生活中的干劲，仅此还远远不够。

至少应该让土地升值的大部分利益在耕作期间归于耕作者，在放弃耕作后无法将其带走，佃农纷争才会真正消失。技能、学术高人一等者立志依靠农业兴家并为社会提供更丰富的产品时，阻碍已经比以前要小，可惜迄今为止仍难以确立其方法。尽管计划者未曾预料，但将地租委托于町村的计划十分偶然地为我们提供了新的希望。在现在的方案之上，国家一定还会对税率有所干涉，不会允许将土地的利益尽数征收。但更重要的是这一税法给了我们机会，让我们知道土地的利益分配给个人或是村落，其结果大致相同。让自由进出的农业者获得这一利益，将时有滥用之忧的部分置于团体的管理之下并用于农民的利益，这作为已经丧失的昔日共产制的补救，或是同地居民的新的结合方法，可谓一举两得的妙案。

如果产业组合能在不陷入利己主义的情况下扩张，农民组合能完成忠于良心的改造，其他现存组合各自付出努力，那么农村的希望还可以无限伸展。而要研究各种阶级的利害关系，以尽量小的痛苦调和矛盾、整理混乱，还是调动视野广阔、经验丰富的古来的公共团体最为便利。尤其是在配置与调节劳动力、防止土地权利的财产化上，新近将赋予的课税权有着最为有效的前景，希望大家能够以平常心对待此种尝试。

第九章　自治教育的缺陷及其弥补

一　能客观看待农村的人

农村的改革总是错失良机，徒增无益的苦恼，伴随不必要的破坏，只能做出无法准确贴合现实状况的变更。热爱和平的人们大都属于保守派，致力于依靠缓慢且不彻底的救济来度过一时，但这并不意味着他们是冷漠而胆怯的。主要因为现有的制度规模巨大，几乎包括了整个国家，所以无论农民如何心怀不满整日忧愁，加以批评都已属不易，何况另立方案并比较孰优孰劣，更是远远超出个人的能力。因此，改革往往是限于一地，又大都始于外部的启示。外部有着公平和达观，也可以期待其充满同情心的提醒，但其对当事者共同生活的批评是否贴切，则对人们的判断力提出了另外的要求。例如，这本小书虽然的确并未夹杂我的任何私心，但也难以期待它对于全国十七万个村落都能成为幸福的指南。是否接受其说法，必须由村民来决定。不应该一面委身于国论的自然倾向，一面兀自感慨政府的冷漠，这一点一目了然。政府对此并非全不关心，只是还缺乏能力去发现引导的方法。

国论完全无法统一，各种互不相容的言论都指向农村，这不如说是一种幸运。采用其中一种或许并不困难，但不可能对所有意见都去盲从。其中有谬误，也有虚伪，这是一种风险，但与此同时，从中发现正确意见的工作也令人兴趣倍增。比较可以提供练习上的便利，学术与统计能逐步提高思考的精度。在此之上，只需培养为了讨论问题而客观审视自己的生活这一习惯便可。这种时候，新近进入都市居住的兄弟姐妹们带有同情的回顾，具有很高的价值。至少对于各自的乡土，他们既是益友，也是熟悉情况的人。他们保留着少年时的鲜明记忆，怀着深深的好奇心关注着最新的变化。现在困扰着故乡的疑问，也是他们曾经抱有且尚未完全解决的。当然，无法过高期待他们提出结论，但至少他们的这种第二类观察值得重视。如果各地的农村生活存在必须弥补的缺陷，那么他们应该是率先指出或加以批评的最佳人选。

二 保护政策的无效

村落的生产种类逐年减少而人口渐次增多，从前勉强养活百户的百町田地，如今有一百二十户要以其为衣食之源，那么一部分人生活变得艰难就是当然的结果。即使没有都市的诱惑，其中有人开始考虑离村去寻找新的工作，也一点都不奇怪。移住者的伤悲是别离，其重大损失是婚姻的延期。村内哪怕仅少的余地，都足以轻易阻挡缺乏勇气的离村者的步伐。如果认为离村是病态现象，治疗之术就应该是通过新职业的召集来改变劳动力分配的方式，或是增加农业的利润，令其余泽能够惠及没有工作的人，但这方面希望甚为渺茫。农产品的价格上涨或许会令一些人欣喜，但大概不用太久，其他的物价也会随之上涨。

作为消费者的都市居民，其批评当然尤其在这一点上无法冷静。即使这种所谓保护政策确实能够保护农民，恐怕也不会有人愿意为此而忍耐，而是期待着采用某种对抗方法，于是出现让保护之目的变得徒劳的经济现象。但就在还未能充分确认其结果之时，反而是农村方面感觉这其实并非是保护的人多了起来。最为简单的证据，就是多年来反复实施谷价维持政策，却没有人感觉生活因此变得轻松。如果是大夫，出现这种情况想必会被认定是个庸医，因为治疗完全无效。而佃租以米收取，只不过希望如从前一样尽量卖个好价钱的地主，渐渐在人们眼里变成了贪得无厌的家伙。越来越多的理由让他们将自己名下的土地或抵押或出售，离村落的农事越来越远。最后，遭遇了不得不彻底决裂的佃农纷争。

所有人都承认，调停只不过是应付一时的姑息之策。从外部的角度来看，这是一场各说各话的争执，除了"不愿意就别租了""想租出去就减租金啊"这样的你来我往，想不出还能有什么结果。无论是政治干涉，还是制定法律，既无法强制签订合同，也无法颁布强人所难的命令，这是明摆着的。与日本人的气质最不协调的言行，尤其是农村人深恶痛绝的恶习，就是事情明摆着却故意找碴儿，对一件事纠缠不放，等待对方失去耐性，不再理论，落荒而逃。此种战术得以流行，完全是尽可能回避对自身弱点的凝视与自省这一心情在作祟。这种勇气的缺乏，也许今后还会改变形态，再次侵袭我们的心之故乡。离开农村居住于都市的人对此决不能袖手旁观，这决不仅仅因为烦恼者是自己的知交与同窗。

三　从都市常识出发的批评

按照都市生活者的常识，因为收入来源不足而生存不下去，没有任何奇怪之处。虽然失业分明是经济组织的缺陷，个人毫无防止的力量，但他们却都各自另寻新的谋生手段，甚至不惜为此勉力玩弄技巧，由此造就了如今令人惊异的自由竞争社会。他们之中因为失败而不得不忍饥挨饿者极多，偶尔也曾以冷峻的视线目送破产者离去。因此，他们是第一个对居住在村落的贫穷的同胞们竟然毫不担心自己工作范围的缩小而感到不可思议的。

即使是这样横亘于人生入口的问题，农民的想法也已经不同了。百年之前，"农村生活艰难但却无忧"就如同口头禅。所谓无忧，意味着劳动的分布很不均匀，休日较多，下雨、积雪等天气无法下地，甚至今天的工作留一半给明天也不会有什么特别的影响。同时也意味着在坠入贫困深渊之前，会有一些权宜之计，能够获得援救。当然这并不保证他们能从饥饿边缘的彷徨中脱离。即使是丰收之年的秋季，也努力节省大米，冬天则吃干菜，以臼中剩下的糯米残渣就茶，一直坚持到小正月的插秧仪式，才可以领取饭米。此外还可以凭借无法换算为金钱的诸多劳力，来补充生计。与那时相比，生活已经进步了许多。衣料自不必说，日用品、家具、器具等种类增多，农具、肥料之外的所需也见长，加上从前与之相关的劳动变得无用，收支的缺口加大，是一目了然的事。倒是应该仔细想想一直支撑至今还能勉强度日、没有破产的理由。

明治前半期农产品市场的开拓、推动都市成长的消费人口的激增以及其他原因，与所谓劝农政策合为一体，一度显著提升了农地的生产力。农村劳动力受到新农法的吸引，至少在品质上增加了其供给。从前的休息日减少到一半，小农的热情与注意力倍增，不但增加了原有耕地的收益，而且将开垦范围扩大到昔日被认为不可能的区域，一时之间令人忘记了纯农独立的困难性。其中最为勤劳的算是养蚕业了吧。看上去土地依靠其利用方法的变化，还可以吸收更多的劳动力，支撑更多的家庭经济。但是不仅谷物的自给是政治上的一大传统，水田的特殊性也永远束缚着我们的农业。对稻米的迷信带来了一系列错误的政策，再次让农村居民不得不在狭小的耕地上展开令人悲叹的争夺。

四 "人枡田"传说

一面保持以稻米为主产的习惯，一面强制百姓消费杂粮的所谓"勤俭令"，是扭曲的农业政策，这已经无须说明了。自古以来就没有如此规定的必要。旧的农村学者都是御用学者，所以不肯明言，但将一反分为三百六十步①的分割方法，绝非与一年的食物无关。一段(反)田地生产出一个人一年的粮食，可以想象这一预估就是大化改新时实行的班田制中规定男子二段、女子与下人为其三分之二的计算基础。太阁检地②时，一反减为今天的三百步，将各种杂税与年贡结合起来也是从这时开始，但以目视概算时的根本，应该还是各村的土地面积。在自给的时代，没有食物，村落便无法存活。即使将海川山野的生产补充都算在内，一人一段的土地也应该是最低的限度，大家都知道如果人口继续增加，就无法生活下去。于是，虽然没有明面上的鼓励，但有迹象表明虽然江户初期所谓"人返法"③(返乡令)逐渐松弛，人口流动逐年变得自由，而经历过享保、天明的大饥荒④以后，种种令人不忍的人口限制手段得到了默

---

① 此处"反"和"步"都是面积单位。

② 太阁即丰臣秀吉，太阁检地指 1582 年起丰臣秀吉推动的对全国田地及其收获量的调查。

③ "人返法"是幕府勒令江户等大城市中农民返乡的命令，江户时期曾发布数次。

④ 享保饥荒为 1732 年，天明饥荒为 1782—1788 年，是江户时代中期的大饥荒。

认。所谓"人枡田"的传说①当然只是个梦，但它是产生于这一心理基础上的噩梦。

村落尽量保有多余人口的心情，与人们尽量想生活于此的愿望共存。村落越是古老，土地越是肥沃，人们对之的感情也就越深。近畿地区的村落，很少有地方没有所谓副业。那些一时的流行消退得也快，而像讃岐②的圆坐垫、泉州③的木梳、三岛④的菅笠制作这样从都市尚未出现的古老时代起就得到公认的职业，则一直流传下来。如今连这些手工业都失势，要被都市的企业所取代，这在农地广阔而丰富的外国也许另当别论，但对于日本的农村，无疑是重大的事件。村落的市场因此而衰退，村与村的相互交通也变得无人问津。即使并不伴随生计上的损失，也足以让农村变得戒备谨慎、气氛消沉，只有酒获得了广大的用武之地。仔细品味口耳相传的农民文艺，就能发觉从前我们的村落生活更为生机勃勃。分明是因后世种种经济上的理由经历几番变化之后的状态，却抓住不放，赞其

---

①　"人枡田"是冲绳与那国岛的传说。为了减少应税人口，岛上设有一块"人枡田"（即量人田），以螺号等为号，成年男子均需聚集于此，反对者、不到者、晚到者或田里装不下者，均会被杀死。

②　讃岐，今香川县。

③　泉州，和泉的雅称，今大阪府的一部分。

④　三岛，今静冈县三岛市。

朴素温顺，寄予无限感慨，希望永为保存，这如果不是出于无知，就只能是别有用心者的矫饰了。认为只要保护了农业，农村就能维持，为村民的生存能力局限于这一小块天地而弹冠相庆，这实在是对"不幸"一词的误解。

所谓纯农之村娴静安宁的光景，即使并非诗人，也能容易想象。但如果要把村落保持在这样的牧歌情调上，首先就要学习"人枡田"的古老传说，根据耕地面积计算出可以安置的人口数量。如果多余的部分难以舍弃，那么当然会产生竞争，只能充分满足愿意出借或出售的土地所有者提出的条件吧。避免这种情况的和平的方法是副业，但不管是主还是副，只要兼营两种生产，都难以精熟，难以专注。要确立一种主业，需要安排好农地的配合，选择好第二业种。轻视这些，只是委身于流行和现成条件，其结果就是现在小杂货铺和餐饮店林立，除了刺激杂乱的消费欲，别无价值。

五　村落统一之力的根基

这些结果都是只需简单推理就能知道的。原因已经有学者反复说明，事实与数字也众所周知。只有一个地方不同于预期，那就是避免出现这种情况的计划迄今为止还未在众多的村落得到尝试。我们需要研究的新问题，应该是人人皆知的常识为何一直被如此见外地对待。农村凋敝这一并不容易发出的呼声，虽然带着深深的感动刺激着人们的耳鼓，但为何十多年来反复被提及却从未取得明确的效果？在我们看来，因为缺乏方法而放弃的悲观者不多，直到今天，大多数人都希望并期待有人出来做些什么。村落之中不乏热切盼望得到拯救之人，但极少有人注意到依靠自己的力量完全可以自救。结合是一种新的势力，他们已经有所体验。普通选举正在改变政治的潮流，他们也看在眼里。如今还认为离开政府就会一事无成，只能说是惰性，是对组合根本目的的无知，也是教育的缺陷。我们的经济自治，首先要从开发、利用这种潜在的力量开始。

首先需要说明的是团结有着两种样式这一事实。村内的结合本来固若金汤，不仅对外是最有力的防御，对内为了保持一种超越的意志，也常常要实行所谓一丝不乱的统制，对于正好在此方面相争者，一定要将之摧毁。众多的惯习在这一过程中固定下来，对之的尊奉直接化为成员的权利或是威势。因此，当其发展到最为成熟的状态时，从外形来看与后来发展起来的组合十分相似。但村落一开始就有着自然的中心，其他成员形成圈层，围绕在其周围。其根源也许是各人在勇气、智慧上的差异，以及服从有实力者、祈求其保护的心情吧。自从出现文字记录，便是村有其长邑有其君，其地位都是惯习所造就的。领主实际上是昔日族长的延续，逐步收容别家的子弟，给予其族人的待遇，这在前面已经有所论述。世代名主的制度能让我们推测，在村落武力提升之后，从前以"亲方"组织为中心的单一经济还继续维持，于是秩序得以免于解体，这是直到最近都常见的情况。虽然我们对此司空见惯，一点也不觉得惊讶，但无须依赖任何外部的权力机构，也能在这么长久的时期平稳地治理村落，正是自古以来的惯习尚未被破坏的证据，同时也意味着其命运就是在时世的变迁中磨合折中，不断进行细微的修正。

六 和平的"百姓一揆"

"一揆"一词在《太平记》①中是指小规模的武士联盟。仅凭所谓"小名"的区区武勇，难以期待在野战的进退中取得功名，因此在发生战事之时就会这样约定同进共退，很多人都是这样理解的。但如果不是平日生活上的利益关系已经将他们引向了亲和，那么动乱也许更是相互侵犯的绝佳机会。武藏的私党让人想象他们有着血缘上

---

① 《太平记》是日本古典文学作品，40 卷，以南北朝时期为背景，起于 1318 年，止于 1368 年，时间跨度约 50 年。

的起源。即使并非如此，也应该早就有着通婚之类的交际，除了土地邻近，还有着让他们不得不团结一致的社会理由。相邻的两个村落属于不同领主的情况自不必说，即使在同一个领主之下，一般也是争执不断，或是相互对抗的。感觉到孤立的无力，或是事业的困难，进而尝试将"揆"①合"一"，应该是出自各自的经验，并没有外部者的命令或是推动。因此，相互关系也是对立平等的。对于在现代农村新的经济情况之下其意义得到承认的组合思想，我们的祖先也并非全然无学无知。

然而多数民族记录是伴随学问而生的，学问则一般成长于具有中心的结合之内层，因此记录的目的主要在于明确上下本末关系，而多数民众横向的对等交际，作为历史事实并未受到深切的关注。族制、婚姻这样重要的社会事实，虽百代更迭也难以弄清其特色，算是其中的显著一例。"一揆"这个有些生僻的词偶然得到保存，但最终其意义仅限于以竹为枪、以草席为旗的农民暴动，这在今天是颇有兴味的回顾。"一揆"被视为令人害怕的治安扰乱之前，百姓虽然身份低下，但已经有了相互通谋、结为党徒的方法，其必要性也已经得到承认。只是往往难以与地方既有的有序

---

① "揆"的本意是方式、方法。

团结两立，经常受到压制，于是其显露的形式也逐渐变得过激。"百姓一揆"有着值得悲叹的丰富的失败经历，不知道最近的研究者们是否对这一点进行过分类，那些只是为了保卫某种共同利益而发生的，中途尤其跌宕较多。而谋主运筹帷幄，各村有实力者大力支持，最终能够基本贯彻初心的，其人员构成颇为复杂，动机也不适合称为"一揆"。正如丹治直实①作为私党的首领威名远扬，其实也是一种"亲方"式作业，其成功很多时候只不过是因为新的第二阶段的结合为之提供了方便。农民平时没有经过训练，而且过于习惯旧式的统一，结果就是其多数的力量如此容易为他人所利用。这种弊害也影响到了今天和平的政治"一揆"。人们在欢呼多数的胜利之际，往往忘记了当初的目的已经发生了改变。甚至有将盲从雷同视为团结，只是让少数干部中饱私囊的例子。而且因为本来的名义是平等，所以与从前的第一种团结法相比，难以期待独断专行能有更好的成绩。

---

① 丹治直实即熊谷直实（1141—1208），日本平安末期到镰仓初期的武将，根据地为武藏国熊谷乡，其斩杀平敦盛的事迹最为有名，晚年出家成为法然的弟子，法号莲生。

七　被利用的多数

　　而另一方面，农村传统的一致行动中，将下层居民的多数要求作为表面的名义加以利用的风气渐盛。不管是怎样任性的拨款要求或补助金、救助金的申请，都会以所谓村民的众望为理由，以百姓的困顿为口实，因为有了这样一句，官厅也容易接受请托。而且一般早早就会准备好所有居民的联名署印，以备他日上峰确认情况是否属实。然而印章，是所谓"总代"、有志家们最容易借到并使用的。

　　陷村落于贫穷的共有林野的分割与让渡，以及其他种种外部资本的征服，都是以这种统一方式，近年在全国范围展开，不仅带来利益上的冲突，有时甚至一部分人的致富会以其他人陷入穷困为代价。如果只能采取这样一莲托生①的方式，那么就不得不出现如今天的米价上调政策这样自欺欺人的结果。团结，乍一看是有力的防卫手段，但有时也会造成对外孤立于社会、对内组织崩坏的恶性后果。例如，如今需要购入大米的农民逐步增多。小农本就没有多余

――――――――

　　①　一莲托生，原为佛教术语，指死后同往极乐，同乘一个莲花座。日语中转义为无论善恶，命运与共。柳田此处指多数盲从的统一形式。

的产量以供出售，现在卖掉将来就得购买，但他们却也附和大势，以米价高涨为喜，其结果就是不得不忍受其他日用及生计费用的增加，助长土地价格上涨，令其变得难以获取但易于放手，与消费者之间的相互扶助也变得不再可能。但以与他人一致为快的心情，如今使得他们就连上面这样简单的推理都极力回避，不肯一试。

弊害理应尽早除去，但如果不进一步深究其源头，避免后顾之忧，那么生活也难以变得更加幸福。为了让村内的协力变得有效，首先要保管好自己的印章。不经过自己的思考，就不要参与少数服从多数的投票。不要抱有无益的恐惧心理，认为若不服从就会被视为叛徒。议论与争吵的区别，即使是代议士①也常常无法区分。村民对多言善辩的厌恶，是因为有过无数次因他人的巧舌如簧而陷入惨痛境遇的过往，这一感情十分自然。幸运的是，在他们之间，还有着无须借助语言的力量就能相互了解的方式。所谓相互知晓，是组合最重要的教育机会。若非比较过相互之间的利益，就不可能存在调和与妥协。内部缺乏调和的表面一致极为有害，也许在本人尚未觉察之时，就已经成为陷他人于不幸的原因了。如今强调这种潜藏的原因并为此愤怒而力争的人，已经越来越多。

---

① 代议士即议员。

八　传统的人心收揽术

那么能否回到过去，将农村的利益归而为一呢？深爱往昔的人们热切希望的正是如此，伪善者们也常常就此舌灿莲花。但从现实倾向看，复古从常识考虑难以实现，并且复古是否真能带来幸福，如今也变得十分可疑。对强有力的生产单位寄予全部的信赖，将各人的祸福完全寄托于亲方农场丰俭盛衰的时代，乡党的利益确实纯然一致，合作并守护这一利益是唯一的生存之道。但作为代价，伴随着一个甚为苛刻的条件，那就是无论对错都必须服从。按中世人的思考方式，与其说这是条件，不如说服从就是保护的别名，无论在什么情况下，二者都只能或是同存或是共弃。只是因为与今天相比，当时天灾人祸等外部的危难更难以躲避，所以人们感觉这一具有核心的团结十分必要，也认为这便是由自然所规定的唯一手段，于是满足于此并赖以聊生。

但我们的生活一点点变得自由，同时，村中也出现了"不被同情者"。或者可以说是因为保护的力量无法遍及，所以逐步容许了一些个人的思虑。村落的统一方式开始被重新评议，但身居高位者却还满心希望保持与从前一样的中心力量，其中有几个令人颇感兴趣的理由，但总而言之是因为当时既没有大规模变革的必要，也缺乏相应的方法。但以这一时期为分界，农村的中坚不断动摇，一直处于不安定的状态。

所谓理想人物的标准，因地方与时代的不同而屡屡变化。如同印证近代式的标语，"家格即人格"的例子并不少见。就整体而言，门第与资产，对旧功劳的感谢与对新作为的期待，常常是相互对立和抗拮的。有意思的是，其中远古以来的保护与服从的关系一以贯之，今天依然强有力地牵系着人心。今天的"亲方"们虽然没有给予土地的能力，但却有着将各色人等聚于一门的种种方法。其中最为传统的，是采用其名称广为人知的"犹子（yushi）""取子（toriko）""kana 亲""取名亲"①等方式。"亲方"既不亲自指导，也不参与训练，并未给予子方特别的恩惠，但子方对他们的义务比对亲生父亲还要重。次之的有男女姻缘的介绍人、暂居者的保证人，还有就职的介绍人、争议的调解人、贷款的保证人等。在这些比较确定的若干大事上的恩情，尤其能有效地束缚接受恩情的一方，令其永远心甘情愿当牛做马。地方上所谓有面子的人或是有权势者，常常有着

———————————————

① 这些都是结为义亲（拟制亲子关系）的方式。前二者是从"子"这一方的命名，后二者是从"亲"这一方的命名。

这样的基础。如果非常不幸，这个人与多数人的想法不同，甚至顽固偏颇，那么自然，所谓村落的团结就未必是一件幸福的事了。无数事例表明，即使其诚意倾向公共利益，也会在具体过程中为种种情势所逼，难以保持平衡的立场，最后常常是与新兴势力发生碰撞，让自治生活出现无益的动摇。

九　自尊心与教育

明知村中诸多问题亟待解决，却抱着多一事不如少一事的态度，以消极主义压制大家的议论，连青年们极为率真的疑惑也无意回答，这不但是怯懦的行为，而且容易成为纷乱的缘由。厚颜无耻的少数空谈家最为如鱼得水的时候，就是村民们的知识与现实隔绝，无法灵活地开展一般性批评之时。因此，在德高望重的前辈还能幸运地得到全面信任之时，特别要预防下一代的反动及制度的崩溃，把更大的力量投入自治的教育之中。所谓长老们的说教，太过偏向于以变化前的黄金时代为标准，而疏于培养组合生活所需的新人物。

需要怎样的新人物，对此已经有了太多的意见，再提甚至让人觉得是老调重弹。有"亲方"气质的指导者，今后无须费事也一定会出现，与之相比困难得多的，是培养稳健的"组合人"，也就是对村内平等观念的训练。然而对此，即使是近年为了农村尽心尽力的一些名士，也常带着感情因素提出反对。小农的地位长久以来难以提升，并不仅仅是因为贫穷。让他们变得有钱当然不是一件容易的事，但即使做到也不能保证他们立即过上悠闲和适意的生活。"农民牢骚多"这句谚语，他们自己也笑着挂在嘴边。这就是自古以来宿命般的一种生活方式。都市生活中贫困的程度更甚，但人与人的关系却在逐步变得平等。因为无法想象在相互陌生的邻里之间能够形成保护的关系，而身份的上下关系也并未成为相互交往或结合的条件。但是在农村，颜面或是体面决定了义务。身份、门第固然好听，但也能让我们推测另一面一定存在着与之相应的人们的屈从。这样的关系如今是否还应暂为保存，是在国家层面业已决定的问题。大家早已承认不应因贫穷而怜悯，但实际碰到这种情况时却无人照做，于是，不仅仅是小农常常为人怜悯，就连略有资财的人也打算和他们联合起来，苟活于他人的同情之中。这也实在太可悲了。

比起举办一百次讲座，自尊心的启发才是当务之急。从国家的立场来说，无论农民多么穷困，还是希望他们能坚持耕作，保证食品的供给。因此自古以来，就有必要以保护农民不至于离散、爱护其地位、支援其生产为农本主义政策的核心。而另一方面，农民也有自己的生活，要养育子孙，一般而言，他们对乡土有着深深的眷恋。但如果他们认为现状已难以挽救，或者光明存于新天地，是否会在沉思之后离开现在的环境，就已经完全交由他们自己判断了。如果他们判断有误，到了无法任其弊害继续发展的地步，国家自然会出手挽回，但这并非农业者能够直接企及的事。今天的教育，却将这二者混为一谈。与其说是混同，不如说是限制了村中现行的农民自身的修养，让从前参与其中的乡党父老不再能为孩子们提供宝贵的帮助，只通过官府的教科书向他们灌输农民就该被怜悯的想法。小英雄们挟着其背后的政治支持，要将村落重新拉回酋长的领地，也便是其必然的结果。

一〇 取代传统的实验

村落教育中确实有着助人的愿望。即使是小农的微弱力量，将之集结在一起，先是与自然的威压相对抗，继而能够驾驭自然为我所用，这对于他们而言，是令人信心倍增的实验。拥有土地的自豪，常常以同情漂泊流浪者的形式显现，这一点只要看看在我国的村落，待客之道成为贸易的起源，赠答成为所有仪式的基础，就可以知道。无须与人相争便可以生产出国家财富的最主要部分，这一意识曾经让他们成为外部文化最为自由的批评者和选择者。这种自信一方面强化了他们的道义心，另一方面也使他们对技艺的兴趣变得丰富。一百五十年前通贝里①在其游记中就曾盛赞日本农业技术的进步举世无双。农民不是仅仅生产而已，而是将耕耘作为一门技艺，以令人惊异的天分与热情将其打磨至臻，这在外国人眼里也是一目了然。这自然不是强迫下的经济行为所具有的特点，但众多的劝农书籍却对此视若无睹。

令他们为纳税的忠诚与邻保内的善行而战战兢兢的，是行政。毫无疑问，村落生活要求巨大的忍耐、诸多的辞让。但按照国人的风气，难以想象仅仅如此，就得以维持数百年的和平。一面对抗都市的新的压迫，一面维持旧的生活方式，十分不易，但乡亲父老依然不惜为此花费最大的努力。在他们的教育里，记忆是教科书，无须以文字形式传承，但影响却能长久持续。村内的问题，他们全都以自己的力量解决。对如今甚为棘手的酒与菜食买卖的限制，对卖春业的拒绝，对身残重病鳏寡孤独者的照顾，以及对不适合从事农

---

① 卡尔·彼得·通贝里(Carl Peter Thunberg)，瑞典植物学家、博物学家、医学家，1775—1776 年在日。

业的"没出息的家伙"的应对，从前各地都有各地的规矩，完全无须官府税吏干预其中。

还有对都市生活的批评。现在看起来只是缺乏自我约束力的老人们虽已不在其位还却念叨着旧日的口号了，但作为村落教育，这曾是有效的法则。大体而言，根据各地各家的生产能力，对以兴趣、流行为基础的消费加以限制，这一常识是健全的。在单一的农村生产组织中，将消费与贫富差别分开考虑，也并非不可能。而一旦开放交流，社会充满新的智巧之后，将奢侈作为自由财产制度的敌人而驱逐就变得越来越难。农村承认有城镇风和乡村风的差异，主张应该坚守自己目前拥有的领地，恐怕也是感受到这一逻辑难以贯彻之后的结果。令人惊讶的是，尤时不在的调和心早就承认了各个利益团体的独立，尽量避免相对不利方面的接触，致力于以各自固有的长处相互协助、相互牵制。

当然，以上的考察应该还有不足和误解之处，但农村并未懈怠，而是随着时代的进步，正在酝酿更为复杂的社会组织。将文化视为一种潮流，以追随为能事，这种风气原本就只限于一些读书人。在都市与农村这一最为显著的对比之外，村与村之间也有着年龄的老幼和存立条件的异同。劳动的配置因地利与人口增减而完全不同，只能视作有意为之。在村落之中，各家也有着各家的擅长或不拿手，有着财力与家世的不同等级。这些交织在一起，各自发挥各自的本分，才能作为一个集团生活下去。村人对此深信不疑，有时甚至略显过度。虽然目标显然是协调，但他们心中的阶级意识、保护自身利益的念头，也绝非一直沉睡不醒。就在难以期待单凭精进不休便可以开拓出光明坦途，而新的方法还尚未思考成熟之际，社会发生了巨大变化。新国家的统一教育被大力宣扬，从前官员或都市人所需的生活准备，他们主要以读书、写字、算数等为内容的教育，被要求于所有农村儿童。儿童们成长为村人的最为有效的时期，都被挪用到了学校之中。也许不乏保守固陋之处，但通过长期实践积累的自治训练，有朝一日也能让都市同享恩泽的"口耳之学"，因为不会读写的谦逊的老教师们①的引退，其传统的丝线突然断了，于是只凭着书本来了解自己村落的生活的人越来越多。最近几年的纷乱与动摇的确是苦涩的教训，但也可以说是填补这一教育缺陷的有益的新练习。将来的农村人，一定要重新确立为了乡党的教育，恢复失去的经济自治。前辈们以为通过使用不同的国语课本这种雕虫小技就能唤醒农村的生机与活力，这种错误意见我们决不可盲从。

---

① 此处指新时代教育之前的村民。

第十章　计划胜于预言

一　三个希望

如果不加以保护，农村就无法存续，这样的想法是最令人意气消沉的。于是马上就会有人在一边添油加醋，不是"保护岂能轻易如愿"，就是"在保护之下也不过如此"。村落自古便存在一种应称之为"悲观癖"的习气，也有着若干因此而得到好处的经验。但我们纯真的青年们能够同意他们的感觉吗？想去了解这一点，绝非出自单纯的好奇心。在这迎着万象更新的时代之光步步前行之际，只有被视为一国生产根基的农业，无论时代的治乱，也无论收成的丰荒，都只是绵绵不绝地诉说着自身的穷苦。显然，这是农村生病了，应该迅速找到根治的疗法，将安住之地交到年轻国民的手中。在这一点上，还有很多地方要期待他们的自我觉醒。幸运的是，全国的青年如今正在谋求结合，实际上正为缺少课题与事业而苦恼。将这一重要的未来方策交由他们做新的讨论，我认为是极好的。

有必要尽量比较更多的不同方案。我的意见也只是其中之一，也许并不完美。我甚至认为，在此之外出现更佳的方案，更值得欣喜。我希望的是作为一种练习，更多人能一同来思考其理由是否符合各村的实际情况，有没有实现的可能，完全没必要对我的说法一开始就深信不疑。对我们来说，自由的批评家比无私的战士更为可贵。在得出只有斗争才能自救的结论以前，还有很多应该深思的问题。"理想"这个词如果只剩下空虚的外壳，那么换成"念头"也丝毫无碍。就整体而言应该实现怎样的状态，才能说农村生活可以因此而满足呢？不只是避免衰颓，而且居民能够更为积极地感觉到生活变得更加富足，这又意味着怎样的状态？这是我们要讨论的第一个问题。

对这个问题的回答可以说是因人而异，我的意见如下：第一，愿意工作的人无论何时都能有工作，当然需要伴随着本人能够接受的报酬。不管这是近乎不可能的困难事业，还是并不难实现的简单要求，总之，我们一定要尽力实现。第二，与前一条相反，人们在不想干的时候能够不干，也就是能够自由地转到自己认为更加适合的下一个工作中去。第三，人们在选择职业时有足够的智慧，能够为自己也为社会做出最为正确的判断。第三点也许最惹人争议。有人绝不希望如此，而如果想鸡蛋里面挑骨头，"为自己考虑正确，但对社会不利的情况怎么办"这样的诘问可以说无穷无尽。但我相信只要确定是值得肯定的状况，那么朝其方向前进就一点儿问题也没有。

二　土地利用方法的改革

至少，大家不会希望看到在上面列出的三个条件上比以前更加恶劣的社会，所以应该有所改变。特别是在农村，很多事实人们虽然承认，却认为理所当然、司空见惯，所以尤其不能大意。退行是否值得担心，是否与多数农民家庭的贫穷感毫无关系，在我们的眼中答案都十分明确，完全不需要作为一个问题特地来讨论。在缺乏中心的都市生活中，很多时候即使知道这三点是解救时弊的法门，也难以凭借各个利益团体的协同之力达到目的。于是只能敦促法令、行政进行干预，而在漫长的讨论和徒劳无功之中，形势又发生了新的变化。但小规模的城镇和农村，在一定程度上有着凭借团体自己的力量实施改革的希望。如果幸运地有若干个町村情况类似，那么其中一处的冒险就有望成为其他各处安全的实验，从而逐步改良其方法。我之所以面向全国呼吁广大农村的协同，希望将组合主义运用到对这一问题的研究、训练之上，也正是为此。

关于土地利用方法的改革，我认为有希望单纯依靠农村自身的功能，或是以村落为区域的组合的工作，结束现在的纷争，让农民的生计变得安稳。具体方法的说明，将另找机会。但需要强调的是，如果地主已经无法回到自耕的状态，那么他们居住于村中仅仅是为了分享土地收益的情况，最好是彻底消除，至少要尽量减少。因为这样可以使经营农业的人获得更多的土地。我对培养自耕农必要性的肯定与佃农争议无关。但是对于政府现在的方案，我无法苟同，理由有三：其评估方法未考虑将来的变化，没有设计防止第二次土地财产化的办法，以及身处局外的国民负担过重。如果说需要新的地主，那也应该是土地组合或是町村本身，而土地自然升值的利益，应该尽可能公共享有。课税权委让给町村，即使无法直接利用于土地制度的改革，也是值得欢迎的新的机会。

大中小农的优劣，在日本已经不再有议论。因为要想让更多的农民居住在其故乡，尽量减少土地与职业的移动，那么就几乎没有增加新的资本家式农场的余地。但话虽如此，规模再小，也有限度。所谓副业，绝对必要，否则即使是丰收年也不得不作为失业者而苦恼的"过小农家"就会风险大增，对他们自己是损失，对社会也不利，生产难有效果，容易出现问题。将耕地未增而农户却增多视为繁昌的征兆实在愚蠢，如果没有这样的想法，恐怕耕地早已出现合并了吧。将来必须制订计划，坚决执行农地的调整确定工作。当然，其性质不能是借助法令的力量强制一方放弃。主要方法应该是长期耐心等待，充分利用人与土地移转的机会，而这只能依靠耕作者自身团体的协力。

三　旱地与新职业

按粗略估算，水田一町加上旱地五反是底线，规模再小，农业就难以独立经营。但这一数字也并非绝对。同样是稻米种植，人们也渐渐尝试花费更多的精力，或是设法融资，希望实现收益倍增。期待四石或五石的收成都已经不值得惊讶，最近，甚至出现了以一段十石为目标的富民协会。当然，这与产物的价格相关，也取决于资本的供给方法，不可能所有的耕地都发展成这样的状态。但如果是土地利用比较稳定的地方，一处农场的平均面积就能变得更小。对水田间作的奖励也是近年日本农业政策中社会效果最为突出的一个。很多例子表明，农户因此更加容易把握一年中的节奏，小农的承受力也大大增强，较高的佃租压力也因此得到一些缓解。但实际上，还有不少水田无论如何都没法种植两季，于是间作的进步不但未能有助于经营的扩张，反而加剧了农场的分化，这一点颇令人头疼。

与水田相比，旱地的利用更加自由，在缓解近代日本农业的停滞不前上，可谓居功至伟。作物种类及数量的经年变化，反映了农民在这一方面的计划能力，以及顺应时代的敏锐与才干。但这两种耕地的配合，各村相差悬殊，除了耕地的主人，别人设计的方案都难以运用，于是又多了一个十分有趣但也颇为棘手的问题。单看都市周围的园艺业及其他特殊作物种植业的飞速发展，似乎让人感觉无须特别期待细小农场的合并。但这种土地利用方法完全属于另外的种类，大部分旱地无法追随其例。并且这些耕作仅仅是因为接触泥土所以还称作农业，越来越多的情况表明，其目的、方法以及从业者的心态，都已经完全成为第二产业了。因此，应该由居民根据时代与土地的具体情况，自己来决定大略方针。

由于旱地耕作的自由度，农村的未来还包含着种种充满希望的未知数。即使村中新职业的增加不算好事，如今也已经无法避免了。土地合并为较大的农场后获得独立，自然就会有一些家庭完全空闲下来。虽然看上去暂时保持着原状，但还是需要工作，只不过是对在所谓副业的束缚较多的状态下去工作，还是自由地去工作，尚未做好决定而已。神社的神官、诊所的医生、学校的教师等，村内不可或缺的职业越来越多。也许存在着一条划定并非需要或是有害的界线，但这一界线也随着时代而变化。于是，选择的必要性变得更加积极。当地居民的职业也不可完全放任，眼前就有着显著的反面例子。大体而言，从符合村落形象的职业——即在与都市的竞争中不落下风，在村中反而能够具有优势的职业——不断扩展开去，是个好方法。养蚕、养鱼、果树种植、苗木栽培等第二、第三种的土地生产，伴随着土地利用的新自由顺次加入，几乎是理所当然，丝毫不显得突兀，这是让人充满信心的先例。

四　中间业者的过剩

无论是都市还是农村，人们失去此前的工作，或是厌倦了之前的职业后，最先从事的几乎无一例外都是零售或是中介。为什么会这样，其原因较为复杂。有的是深思熟虑后的决定，有的只是单纯的模仿，总之这两种职业任何时候都不会满员，从很早以前起社会就保证了无论是谁都能干得下去。因为没有其他类似的职业，所以人们就如同水往低处流一般聚集于此。奇特的是，这两种职业，无论是内部还是外部，看起来都似乎没有竞争。都市里虽然同种商业多如牛毛，但依然不时需要警察来取缔其暴利营销。地方上兴起各种消费组合，如同口头禅一般批评中介有害无用，但小商人的数量依旧逐年递增，很多只是略微变换一下商品给人的印象而已。

近来，似乎终于难以无穷尽地增加下去了。如同小农的数量令农村烦恼不已，都市里如何应对占居民大部分的小商小贩，也成为令人头疼的问题。常成为评论对象的农村人，应该对此问题提出自己的看法。对小工商业者的救济被当作政府对都市的新事业而屡屡提及，其内容似乎只是提供低息贷款便万事大吉，但实际上比起贷款，更为缺乏的是顾客。对于来自百货店的压力之类的烦恼，此类救济完全是驴唇不对马嘴。与农村的现状维持论者一样，他们只希望消费者顺从且稳定地成为自己店里的顾客便好，但在这一点上，因为商品性质的不同，都市有着农村所不知的弱点。

另外，将小商业与小工业同样看待，也是误解。小工业方面也许也有一些过剩，但是缺少小商业那样轻松的入口。当然，在交界处附近，二者的差别变得不太明显。生产部门有着需要的限度，会较早受到过剩的损害。商业也是一种价值的生产，这是都市的经济学一直以来的观点，但实际如何，难以判断。日本的消费，消费者便是生产者的情况另当别论，所谓一级交易是从种植者处直接购买瓜果茄子之类，而多数情况下，消费甚至要经过七级或八级大小商人之手。谁能断言随着经手人的增加，价值就一定会有所增加呢？如同青砥藤纲①的火把，需要时当然要照价付款，但如果没有也行，当然应该立即省去。如果考虑失业时的悲惨所以即使勉强也要令其存续，那么显然我们应该在当初选择时就更加仔细。农村恰好也在面对这一新的问题。

五 不必要的商业

古人对都市的想象有些谬误。在各处的海边，有着被称为"由良千轩""福良千轩"的地方，被认为是过去都市的遗迹，并且一定伴随着有了上千户人家都市就能存活下去的格言。用不着特地将一千户小商人送去离岛做实验，凭借推理就能得知这种事情绝不可能。即使都市中千户人家全是店铺，一片繁华景象，其购买力也一定另有来处。生产出都市人最终需要的东西，这才是贸易的开端。

还是从过去讲起吧。我们绿色的岛国，原本是物产丰富的国

---

① 青砥藤纲（生卒年不详）是镰仓时代后期的武士，以公正刚直闻名。传说他夜渡滑川，不慎掉落十文铜钱，以五十文令从者购火把寻找。后来受人嘲笑时他回答说："失十文，世上永少货币矣。今五十文于己是损，于人是得。六十文之利，不亦大乎？"

度。深山之中有盐井涌出，临海石崖有野鹿出没。需要依靠外部供给的东西极少，市场往来不如说是一种兴趣。今天也有"散财"一词，在有些地方，购物依然被视为旅游的一部分。都市的诱惑，就在人们怀有兴趣、寄托期待之处。曾几何时，就算手执一片树叶、一粒石子兜售于路旁，只要伶牙俐齿，就会有人近前有人购买，这的确让人怀念。但在今日这种世人生计的十之八九都交付于商业的时代，不应该再保持这样的风习。世上有不少人，一面憎恨商贩们到并无需要的人家登门造访巧舌如簧的态度，一面却轻易就接受了其他消费机构的推销。商家不认真研究地方生活的实际需求，而是在时尚流行的名下，先生产出商品，再去刺激人们新的欲望。尤其遗憾的是，形形色色的仿制品、过时品、残次品，在走进农村的名头下，以大幅降价的方式，渗透到村落生活的方方面面。如果听之任之，成为其帮凶往往就会变为村民新的职业。我无意批评奢侈浪费，但很多人明明有自己的生活方式却屈从于对自己毫不在乎的外部者的指导，明明居于山间清泉之畔却一定要喝落后于时代的汽水。对于这种情况，还要说什么商业通过运送而创造了价值，又怎么能让人信服呢。

我们身边充斥着多余的商业、不必的消费、无益的运输。本不该如此。在如此岛国，往返浪费煤炭与人力，即使货主认为合算，就国家整体而言，也是极不经济的。限制所谓大规模交易的利益，推动各地间的短途互通，绝非毫无希望的困难工作。中央市场强大的管理权，主要是以与农村之间的交易商品数量为基础的，而销售机构也只是为他们自己所用。各地如果能够自主地整顿消费，那么他们工作量的一半便不再需要。本不需要的东西，因为有人卖于是有人买，这从生活角度看到底有没有意义？对此不加追问的所谓商业繁荣，不仅是支持这一状态的大都市的失败，也是使之成为可能的农村的耻辱。

六　消费自主的必要

城市的诸多弊病早就为世人所知，但以国家的力量加以抑制，却不容易。即使是简单的改良，比起笔下或是口头的呼吁，现实的成绩也远为乏善可陈。任何事情都想靠钱解决，没有找到统一人们思想的方法，是其理由。日本的五六个大都市，只是在历史尚浅、杂乱无章这一点上胜过了外国，还很不成熟，但同时其弊病也还并未根深蒂固。都市人如果不能依靠自己的力量推进改革，就需要别的国民来解救他们。居住于农村的他们的表兄弟们，从心底爱着都市。所需的只是将来他们的批评能够切中正鹄。

都市放纵的消费风气理应受到批判。尤其是那些模仿大洋彼岸的旧金山或上海，将穿着鞋上榻榻米的拼贴式生活变为常态的方式，难以让人赞同。以个人自由为名去做向农村兜售恶俗趣味的商人的引路人，更令人遗憾。而比这些更令人难以心安的是，一种可以称之为焦躁的心情弥漫于所有都市的每一个角落，极有可能导致公众道德的败坏、市政的解体。外国的诸多大都市，虽然都不得已保留着几处丑陋喧嚣的区划，但也十分努力，希望其他大部分都能安定下来。纷乱的主要原因也许是人员进出过于频繁，感觉自己成为市民的人所占比例较小。我想如果今后地方上的人能够幸运地认识到消费必须自主，减少一些小商人，那么都市人口的增加就能显著地得到控制。

单纯看人数，农村居民也应该对国家的消费计划有较大的发言权。加上其倾向与生活状况比较单一，比起个人喜好各不相同的都市人，更容易表现出一致的希望。我相信有识之士的一个小小的暗示都可能左右将来全国商业的发展趋势，并进一步适度消解中央市场的威力。关于市场组织的改革，当然是生产者拥有责任及权利的大部分。此前因为孤立或是被孤立，难以发挥取舍选择的力量，但产业组合的经验已经告诉我们那只是有害无益的谦让。尤其农产品是重要商品，不应采取不受生产者欢迎的经营方式。现在是地方商人腰上拴着绳子，而中央市场的资本家们手中攥着绳头。这一关系应逐步弱化。

地方分权，必定能让中等以下的都市更为强大。能够在一定程度上代表各自地方的生产利益时，它们之间的相互联络与融通自然会变得更加紧密。此前，因为大家都争先恐后想成为中央的宠儿，所以同级临近的都市大都互相敌视，不重视增进相互了解。加之大家的生活相差不大，因此也就没有建立组合的必要性。如果今后切实的对等交往能在全国都市间成立，其利益必将波及都市周边的农村。村落各自独立制订最为贴切的生产计划，并以此为基础，让农地无法容纳的劳动力作为有意义的剩余服务于都市，那么就能限制将无节制的消费视为经济繁荣，昼夜期盼这种状态出现的缺乏调和的阶级的增加。

七　都市失业的一大原因

我所说的消费计划，用别的词来表述，就是文化标准的确立。这需要借助全国农民的一致才能产生巨大的效果，但从各个家庭着手，渐渐及于邻里，也能有相应的价值。有了希望，前途就能变得更光明。我再重复一次要点，各人或是各家，不受社会上的流行和宣传的影响，独立地按照各自的生计决定生活方式，只要兴起这一风气便可。只有这一风气变得普遍，才能避免农村受都市支配，地方分权的基础才能建立。

在受到撺掇充斥着无益消费的地方，这与节俭行动可谓不期而一致。一旦着手，不景气的呼声就一定会四处响起，但完全不用在意。振臂高呼的都是消费行业中人，地方上缩减消费他们却不站出来说话，反而是件怪事。不景气如果是在全无察觉时突然出现，当然会让人大吃一惊，当作异变的征兆，但现在就跟种下牛痘一样，只需静静等待一切过去。然而在都市，事情就没那么简单。如果反对意见太大，连"俭约令"都可以被撤回。如果出现众多的附和者，不景气就会仿佛男子的恶习一样，特意地虚张声势。如果连到底为何有此感觉都无法自由思考，那么不仅仅是农村，恐怕国家也得衰颓下去了。

如果说小商贩、中介者、饮食业者无限增加，最后大家生意都做不下去是不景气，那么这种情况迟早会来临。不愿看到不愉快的情景，就需要尽力避开其原因。然而近年对此可谓毫无警惕。都市的失业又特别悲惨。以江户、大阪为首，诸国的城下町经过六十年的变化，从前从事消费行业如今还能剩下的商家屈指可数。当时那样大张旗鼓地企图守住景气，但至少他们各自行业的变化是难以拒之门外的。此前的经济史家把所有这些都归结于政治变动的结果，但事实并非如此，同样的动摇今天仍在持续便是明证。都市未必适合工业经营，但人们为了利用流动的人力，想出了农业以外的各种方法。今后也许这一状态会永久存在下去，让我们的劳动问题变得更加困难。即使劳动组合能够比今天更广泛地发挥力量，都市也难以完全不借助外力而应对失业问题。因为他们中幸运地有着众多第一代移民，所以直到不久前还有政治家在描绘他们归乡务农的空想。但即使愿意归乡，故乡是否真有他们的一席之地也十分可疑。长久以来江户周边有着广阔的原野，所以剩余的人口常常被送去开发新村，从那时起，一旦离开故乡，留下的空洞马上就会闭合，即使返回，也无法再重新扎下根来了。

八　地方上的生产计划

人们追逐流行，纷纷经营小店，即使这是轻率且有害的，也是已经发生的事实。我们未来的商人整顿，如果只是令他们陷入悔恨和走投无路的境地，那只能说对待离村同胞不够亲切。而且就实际而言，如果他们坚决反对，方案的实施就不得不面对更大的困难。因此，消费是否得当的评论，应该再向前推进一步，朝向各地生产计划的制订。我们应该与节约退守的传统意见分道扬镳，尽力追求有意义的消费变化，努力让生活变得更加丰富多彩。

在承认归农的方案脱离现实的人当中，有意见认为应该借助都市的力量，将人口转移到海外。但这也是一个令人无法心安的提案。异乡最初的定居者，即使拥有我国农村居民的所谓农民心，也还远远不够。离村来到都市的那种心理准备，显然无法直接用于海外。迄今为止众多的所谓海外成功者，大都从事理发、洗衣、照相、牙医之类的职业，或是再进一步，开杂货店、搞零售、做掮客、当卖春妇等，只是寄生于同胞集团的艰苦繁荣之上，面对广阔的天地却只囿于狭隘的范围。这一现状让人感觉他们的经历只会成为移民的障碍，难以成为榜样与经验。打算把移民作为人口问题解决方法之一的人，恐怕需要设法回避这一不利的捷径。

按照农村目前的经济状况，还能期待他们张开双臂迎接从都市回来的人吗？一定有很多人会如此惊讶。他们惊讶，是因为他们想象的是在生产力不变的情况下，地主之外又要加入分一杯羹的人。但不管是否欢迎，如果状况进一步恶化，这些人也只能回到曾经相关的土地。如果不提前制订计划，人们一定会趋易避难，不是从事零售或是小额借贷，就是成为都市产业的帮凶，或者如同好不容易揭露出来的社会问题那样，将眼前的东西从左搬到右，从右搬到左，只凭着转手之劳而占有别人的应得利益，这样的例子我们已经见了太多。要想回避这样的痛苦，即使暂时无法完全做到，也应该努力搜集并事先选定新的职业，确立适合当地的生产计划。这可以说是唯一的办法。

对外部人，村落自古就绝不是闭关锁国的。在我所了解的甲州的山村，即使是"yokayoka饴屋"①来了也要住上一个多月。越是交通不便的村子，越是欢迎新的居民。被称为"算用师"的会计算的人，或者是习字师傅，原本都是行踪不定之人。近代很多村落都希望村里至少有一户是医生，一技之长并未扰乱农业的统一。大致上怎样的技艺和经验适合加入，是个有意思的问题。山里出产石头则有采石、制石者，只把橡树、栎树当作薪柴的地方则习惯了有"木地屋"和蘑菇种植者前来为邻。在旱田迟迟得不到利用的地方，尝试经济作物的集约栽培，又何错之有？在离村成为一种风气的厌农者之间，说不定偶尔也能发现能人，即使是以迎进家门做女婿的形式，也希望加以挽留。总而言之，不希望外部人的进入挤压已有的各种农业劳动，压迫本就拮据的各家经济，延误佃农纷争的解决。

---

① "yokayoka饴屋"是存在于明治时代到昭和时代的小贩。他们将插着糖果的木盆顶在头上，一边敲鼓一边唱着"yokayokadondon"，走街串巷叫卖糖果。

关于这一点，都市中希望回到农村的人，一般并非近乎疯狂的竞争者。只用将他们过于自由的生活观以村落为本位加以约束修正便可。

九　创造都市的力量

习惯上一定要放在都市的东西，有一些实际上是没有任何理由的。工厂便是其中一例，不用等到我们来阐述，已经有很多人进行了周密完美的证明。原材料、燃料、劳动力、资本、销路、配给的大部分都与农村紧密相连，却要在都市吞云吐雾，其动机过于任性。近来工人家庭的生活习惯之中，一种难以渗入农村的都市色在短时间内变得浓厚起来。主要因为生产周期长短不一，也因为烟酒饮食、谈笑娱乐的方法不同，兴奋、紧张的波长各异，无感化的共生变得不再可能，所以农村的工业应该另外确定其种类，重新编制其组织。自己的问题还要找都市商量的习惯，也让农村的决断力变得迟钝。邀请看上去很厉害的学者到农村来，还是村人自己努力变得厉害，何去何从，取决于心气。总之，所谓学问，从其目的和方法来看，也并非一定要经历过都市的万丈红尘才能有所成就。

让农村永远是乡下，既非必要，亦无可能。每年都有不少村落在欢声中转为都市，为与村落不和谐的关系而烦恼。而都市的市区之内，也有蝗虫飞至，青蛙唤偶。我们都市对农村的问题，在任何场合都不意味着各公共团体的对抗和冲突。需要思考的是如何将这错综缠绕的丝线理顺，织成色彩艳丽的锦缎。表示都市的"machi（町）"在日语中原本就是"区划"的意思。为了国民共同生活的方便，特地指定一块区域作为群集之所，在此可以得到各处农场求之而不可得的东西。都市并没有自己独自的精神核心，只有农村人杂然心理的集合，如今还有人如同"竹芝长者"①的葫芦勺那样随风摇摆，也无须奇怪。都市应该是全体国民利用并爱护的，在其弊端难以容忍时也应该加以限制。在各村还有不止一处市场的时代，其所在地常常发生移动而留下"古市场"之类的地名，或是由于"市日"的指定而留下"一日市""三日町"之类的名称。毫无疑问，都是以销售、配给方法上的公共性为主要目的。城下町兴起后，城主助力于此，健全驿传制度，给予免除地租的恩典，但其必要性的基础在于政治。如果有尾大不掉的非议，以农村之力不能匡救，那么也应该称之为零

---

① "竹芝长者"来自"竹芝传说"，记载于平安时代的《更级日记》。武藏国的青年去都城服役，担任宫中警卫，一日思念家乡吟唱歌谣，被公主听到，要求跟他一同前去，于是青年背负公主回乡，并与公主结为夫妻。在公主的求情下，天皇赦免了青年的罪并赏赐宅邸钱财，死后他们的宅邸成为竹芝寺。青年吟唱的思乡歌谣中有"风吹葫芦勺，葫芦勺随风转"的句子。

落，而非败北。

如今已经是国运交汇变通的时代，但国民的穷苦之声依旧不绝于耳，都市人转身以欺瞒故乡人为生，农业则依靠搜刮都市的消费者而勉强保持着一致的虚名，这一情况依然持续。如果有心之人能发奋努力，斩断消费的病根，制定新的地方生产规划，重振都市的使命，有何不可？更何况我们的都市大都只是半熟，连模仿他人都还尚不纯熟，不仅人口难以稳定增长，而且曾经的居民气衰乃至离去的例子也属常见。因此农村人的协力绝不能称作外部的援助。农村居民绝不缺乏主动前往参与其事业的力量与意志。

一〇　都市将来的职责

除了少数能够自立自足的都市，其他都还需要成长，一些地方还存有新设的余地。作为国民作业的新天地，没有比海洋更加自由的未开领域了，在人口充溢的中部以西，还有着大量未被利用的海滩、海湾。港口在从前的作用主要是待风，汽船出现后失去了这一需要，但港口暂时还没有别的用处。虽然国家修筑渔港的计划将来会让人口的分担变得容易，但因为这些地方有着传统渔港的恶习，消费极度杂乱，所以不如依靠民众自己的力量，另外选定交通中心更为有利。沿海的渔业权已被分割，或者为资本家所垄断，耕地则甚为贫瘠，也已早早抵达了掠夺式生产的顶点，这两方面已经没有什么余地。但在此之外还有可兹利用之处，对于发展新的工业，在面积、气候、原料和销路方面，都有其优势，这已经得到公认。而更为重要的，是培养爱海之心，向外奋进之志。在拥有如此巨大人口的国家，资源不出现枯竭反而不可思议。以今日这样的劳动力价格，仍然不断有新的加工企业出现，作为依赖海外原料的国家，对过高的生产成本缺乏反省，是一个错误。为了降低食物及生产费用，即使无法短时期达到目的，也应该尽力抑制土地价格。但都市人却因为希望商品更容易销售，而与地主并肩庆贺地价的高涨。农民只要留意到这一点，总有一天会明白一味拉高一般物价水平、阻碍与海外的交通、限制利用余力的机会、自己压迫自己的重大危害吧。总之，都市和农村都面对着今后的失业之忧，只知道做海外移民或是计划生育等无法短期见效的减法，恐怕连算数问题都难以解决。无论怎样绞尽脑汁思索当下之策，终归是要创造出足够养活人口的工作机会。同时，绝不应该默认践踏别人以求自活的内乱式的方式。

在如此重要的劳动力配置问题上未能充分利用都市，是我们的不察。因为人员一时过于集中于都市，难以实现人尽其用，于是日本人在惯有的轻慢之下，将职业都集中于前途多艰的消费领域，而激励散财的方针也将生产行业引向了歧路。也许除了将一度离开的人重新唤回，别无他法，但这并非易事。所谓迁徙的自由只有法律上的保证，却难以在经济上实现，迄今为止的这种状况是大错特错的。以此为契机，农村也需要制订根据人数增长而增加产业的计划。若非如此，那些坚定地希望以农为生的人会坠入不安动摇的深渊，而离村来到都市的人也只能背水一战，将故乡之外的农村人视为最好的猎物，待宰的猪羊。真心希望今后将继续发展壮大的都市能够摆脱这一弊害。

如果无法保持原样，也希望村落是较为简单的、各种利害关系并不错综复杂的地方。这种希望值得同情。如果条件允许，希望农村能够永远地停留在最为协调的状态。为此，需要更加爱护都市，不仅在劳动层面，而且要与文化的发展步调一致，实现更加健全的利用。虽然实现颇为不易，但理想不妨高远。农村的生计如果幸运地有些富余，希望各地都有为大家深爱的都市提供享受这种富余的适当机会。让都市成为我们的培养基地，或是疗养院、研究所；让都市成为新文化的信息源，或是指引所、咨询站。希望都市不但能够比以前更好地完成人们期待的任务，还能更进一步，能够为忧心者提供安慰，让疲惫者得到休憩。与之相应，也希望农村成为志向坚毅者为了国家而不懈努力、坚持思考的地方。如果这一分工能够完全实现，在国土为我们的子孙所充盈的那一天，日本还是能够被称为传统尚存的农业国的。看吧，曾几何时集合众力创造出"花之都"的人们，如今其后裔依然怀着静耕其垄的心愿呢！

附录一　日本历史时代及分期^①

历史时代			起始年代
原始	旧石器时代		数十万年前—1 万年前
	绳纹时代		1 万年前—公元前 3 世纪
	弥生时代		公元前 3 世纪—3 世纪
古代	古坟时代		3 世纪后半叶—6 世纪末
	飞鸟时代		6 世纪末—710 年
	奈良时代		710—794 年
	平安时代		794—1192 年
中世	镰仓时代		1192—1336 年
	室町时代	南北朝时期	1336—1467 年
		战国时期	1467—1573 年

① 王京制表。明治时代以前不包括北海道及冲绳地区。

历史时代			起始年代
近世	安土桃山时代		1573—1603 年
	江户时代		1603—1868 年
近代	明治时代		1868—1912 年
	大正时代		1912—1926 年
	昭和时代	昭和前期	1926—1945 年
现代		昭和后期	1945—1989 年
	平成时代		1989—2019 年
	令和时代		2019 年至今

附录二　日本古国名及其略称与都道府县对应表[①]

五畿七道[②]	令制国名		略称		都道府县	大区名称
东山道	陆奥	陆奥	奥州、陆州		青森县	东北地区
					岩手县（秋田县）	
		陆中				
		陆前			宫城县	
		磐城	磐州		福岛县	
		岩代	岩州			
	出羽	羽后	羽州		秋田县	
		羽前			山形县	
	下野		野州		栃木县	关东地区
	上野		上州		群马县	

① 王京制表。

② 五畿七道按 701 年《大宝令》，国名按 927 年《延喜式》，陆奥、出羽分割为 1868 年。

五畿七道	令制国名	略称	都道府县	大区名称
东山道	信浓	信州	长野县	中部地区
	飞驒	飞州	岐阜县	
	美浓	浓州		
	近江	江州、近州	滋贺县(关西地区)	
北陆道	越后	越州	新潟县	
	佐渡	佐州、渡州		
	越中	越州	富山县	
	能登	能州	石川县	
	加贺	加州		
	越前	越州	福井县	
	若狭	若州		
东海道	安房	房州、安州	千叶县	关东地区
	上总	总州		
	下总		茨城县	
	常陆	常州		
	武藏	武州	埼玉县	
			东京都	
	相模	相州	神奈川县	
	伊豆	豆州	静冈县(东京都)	中部地区
	骏河	骏州		
	远江	远州		
	甲斐	甲州	山梨县	
	三河	三州、参州	爱知县	
	尾张	尾州		

五畿七道	令制国名	略称	都道府县	大区名称
东海道	伊贺	伊州	三重县	关西地区
	伊势	势州		
	志摩	志州		
南海道	纪伊	纪州	和歌山县	
	淡路	淡州	兵库县	
	阿波	阿州	德岛县	四国地区
	土佐	土州	高知县	
	伊予	予州	爱媛县	
	讚岐	讚州	香川县	
畿内	大和	和州	奈良县	关西地区
	山城	山州、城州、雍州	京都府	
	河内	河州	大阪府	
	和泉	泉州		
	摄津	摄州		
山阴道	但马	但州	兵库县	
	丹波	丹州	京都府	
	丹后			
	因幡	因州	鸟取县	中国地区
	伯耆	伯州		
	隐岐	隐州	岛根县	
	出云	云州		
	石见	石州		

五畿七道	令制国名	略称	都道府县	大区名称
山阳道	播磨	播州	兵库县(关西地区)	中国地区
	美作	作州	冈山县	
	备前	备州		
	备中			
	备后		广岛县	
	安芸	芸州		
	周防	防州、周州	山口县	
	长门	长州		
西海道	筑前	筑州	福冈县	九州地区
	筑后			
	丰前	丰州	大分县	
	丰后			
	肥前	肥州	佐贺县	
	壹岐	壹州	长崎县	
	对马	对州		
	肥后	肥州	熊本县	
	日向	日州、向州	宫崎县	
	大隅	隅州	鹿儿岛县	
	萨摩	萨州		

图书在版编目（CIP）数据

都市与农村／（日）柳田国男著；王京译. —北京：
北京师范大学出版社，2020.8
（柳田国男文集）
ISBN 978-7-303-25935-9

Ⅰ.①都… Ⅱ.①柳…②王… Ⅲ.①城乡关系-研
究-日本 Ⅳ.①C912.8

中国版本图书馆 CIP 数据核字（2020）第 106541 号

营 销 中 心 电 话　010-58805385
北 京 师 范 大 学 出 版 社　　http://xueda.bnup.com
主题出版与重大项目策划部

DUSHI YU NONGCUN
出版发行：北京师范大学出版社　www.bnup.com
　　　　　北京市西城区新街口外大街 12-3 号
　　　　　邮政编码：100088
印　　刷：北京盛通印刷股份有限公司
经　　销：全国新华书店
开　　本：890 mm×1240 mm　1/32
印　　张：8.25
字　　数：153 千字
版　　次：2020 年 8 月第 1 版
印　　次：2020 年 8 月第 1 次印刷
定　　价：59.00 元

策划编辑：宋旭景　　　　责任编辑：岳　蕾
美术编辑：王齐云　　　　装帧设计：周伟伟
责任校对：陶　涛　　　　责任印制：陈　涛